新形态教材

"十四五"系列规划教材
学前教育专业通用教材

幼儿社会教育活动指导

活页式

主编 李林媛 刘 颖 魏 锋

苏州大学出版社
Soochow University Press

新形态教材

“十四五”系列规划教材
学前教育专业通用教材

幼儿社会教育活动指导

活页式

主　编　李林媛　刘　颖　魏　锋

副主编　周　勇　李泽琼　蒋彩菊　曲亚静

参　编　龚　燕　王卫霞　郭正勤　李晓芳　王　蔚
　　　　曹　萍　蒋烨琳　罗　钊　郑莹莹　林佳静

苏州大学出版社
Soochow University Press

图书在版编目(CIP)数据

幼儿社会教育活动指导 : 活页式 / 李林媛, 刘颖, 魏锋主编. -- 苏州 : 苏州大学出版社, 2023.11
"十四五"系列规划教材. 学前教育专业通用教材. 新形态教材
ISBN 978-7-5672-4602-7

Ⅰ. ①幼… Ⅱ. ①李… ②刘… ③魏… Ⅲ. ①学前教育-社会教育-教材 Ⅳ. ①G61

中国国家版本馆 CIP 数据核字(2023)第 211864 号

书　　名	幼儿社会教育活动指导(活页式)
主　　编	李林媛　刘　颖　魏　锋
责任编辑	严瑶婷
出版发行	苏州大学出版社 (苏州市十梓街 1 号　215006)
印　　刷	苏州工业园区美柯乐制版印务有限责任公司
开　　本	889 mm×1 194 mm　1/16
印　　张	12
字　　数	248 千
版　　次	2023 年 11 月第 1 版 2023 年 11 月第 1 次印刷
书　　号	ISBN 978-7-5672-4602-7
定　　价	56. 80 元

图书若有印装错误,本社负责调换
苏州大学出版社营销部　电话:0512-67481020
苏州大学出版社网址　http://www. sudapress. com
苏州大学出版社邮箱　sdcbs@ suda. edu. cn

前　言

PREFACE

幼儿社会教育活动指导是幼儿教育的重要组成部分，对于幼儿的成长和发展具有重要意义。活页式教材作为一种灵活、实用的教材形式，能够更好地满足幼儿教育的需求，提升教学效果。本教材旨在为幼儿教师提供全面、实用的幼儿社会教育活动指导，帮助教师更好地设计和组织幼儿社会教育活动，促进幼儿的社会性发展。

本教材真正以项目化、任务化的形式开展和组织教学，以实际岗位工作任务为出发点，围绕“岗课赛证”，着力提高使用者的自学能力、探究能力、实践能力。本教材适用于全国学前教育专业，同时也可作为在职幼儿园教师继续教育的培训教材、幼儿教育工作者的工作参考手册。

使用者可尝试采用“引—诊—解—探—练—评—拓”七步法开展学习。即为引出任务、自主诊断学习、解析疑惑、探究任务、实践练习、自评互评师评、拓展提升七个步骤，其中包含了三个阶段：探究阶段、实施阶段、拓展阶段。

本教材的编写遵循了以下四个原则：

一是注重实践性和操作性。通过具体案例和活动设计，帮助教师更好地掌握幼儿社会教育活动的组织和实施方法。

二是注重幼儿的主体地位。强调在活动中尊重幼儿的个性和兴趣，促进幼儿学习和探索的主动性。

三是注重教育的全面性和系统性。内容涵盖了幼儿社会教育的各个方面，包括自我认知、人际交往、社会规范、文化传承等。

四是注重与实际工作的结合。通过实际案例和活动设计，帮助教师更好地将理论知识与实践相结合，提升教学效果。

本教材具体分工如下：笔者构思、设计总体框架，提供写作建议，统一写作风格，统审全稿，整体修订，并且编写模块一、模块二、模块三；毕节幼儿师范高等专科学校李泽琼编写模块一；贵阳幼儿师范高等专科学校周勇编写模块三；贵阳幼儿师范高等专科学校刘颖编写模块三、模块四；六盘水幼儿师范高等专科学校蒋彩菊编写模块三；贵阳幼儿师范高等专科学校曲亚静编写模块三；运河高等师范学校魏锋收集资料并校对了书稿。

本教材的编写涉及的案例、教学资源得到了多家幼儿园的帮助与支持，特别鸣谢贵阳幼儿师范高等专科学校实验幼儿园、贵州省清镇市机关幼儿园、贵阳市实验幼儿园、观山湖区第一幼儿园、观山湖区第十六幼儿园、云岩区第三幼儿园、凯里市第四幼儿园、凯里市第八幼儿园、贵阳市第五幼儿园等。

本教材的编写得到幼教专家、幼教同行的支持，也参考借鉴了大量国内外相关文献和资料，在此一并感谢。由于编者水平所限，教材还有诸多不完善之处，敬请各位专家、读者批评指正。

贵阳幼儿师范高等专科学校
李林媛

目录
CONTENTS

模块三　幼儿与他人

模块四　幼儿与社会

模块一

幼儿社会教育认识

当你翻开此书时，欢迎你与我们一起开始幼儿社会性发展的探索之旅。通过本课程模块的学习，你会了解到社会化、社会性、幼儿社会性发展等核心概念，深入了解幼儿社会性发展的奥秘。在这个过程中，我们将引导你学习幼儿社会教育的目标和内容，掌握社会领域常用的教学原则和方法，以及社会教育的有效途径，并设计精彩纷呈的社会领域教学活动方案，更好地促进幼儿的全面发展。更为重要的是，本课程模块将引导你注重自身社会性发展，让你在教育幼儿的同时，也能不断自我成长和提升。我们相信，通过本课程的学习，你将更加深入地理解幼儿社会性发展的内涵与价值。

项目一 幼儿社会教育

任务1 幼儿社会教育解析

一、任务描述

大一班的刘老师发现，经过近三年的学习，班上幼儿对自己已有更多的了解，能对自己做出更准确的评价，了解更多社会职业的职责和典型特征，学会尊重和关心小伙伴，懂得基本的交往规则，学会人际交往的技能，还会在游戏中与老师、同伴分工、合作完成任务，在学习和生活中使用更多的礼貌用语，初步具有爱集体、爱家乡、爱祖国的意识。刘老师很自豪地感慨："经过近三年的学习，孩子们的社会性发展有了很大提升。"

请探究幼儿社会性发展的内容。

二、学习目标

1. 知识目标

（1）理解社会化、社会性、幼儿社会性发展等概念。

（2）能够说出幼儿社会性发展的内容。

（3）掌握幼儿社会教育的含义和内容。

2. 能力目标

（1）能结合实际案例，分析幼儿社会性发展的过程。

（2）理解社会教育对促进幼儿发展的意义。

3. 素养素质目标

（1）关注幼儿社会性发展，提升注重幼儿社会教育的意识。

（2）懂得由己及人，提升自身社会性发展。

三、相关知识链接

（一）幼儿社会化、社会性

1. 自然人、社会人

自然人是指脱离母体后，还没有经历社会化的人。只具有人的自然属性，而不具备或少量具备人的社会属性。

社会人是具有自然和社会双重属性的完整意义上的人。通过社会化，自然人在适应社会环境、参与社会生活、学习社会规范、扮演社会角色的过程中，逐渐认识自我，成为获得社会的认可，取得社会成员资格的人。

2. 社会化、社会性

从自然人走向社会人其实是一个人社会性发展和社会化的过程。

社会化是指个体在特定的人类社会物质文化生活中，通过与环境的相互作用，不断掌握社会规范、形成社会技能、建构价值体系、参与社会生活所必需的品质，是由一个自然人发展为能够适应社会生活的社会人的过程。

幼儿社会化的特点如下所示：

- 遗传物质是幼儿社会化的基础；
- 幼儿社会化具有社会制约性；
- 幼儿在社会化过程中具有主观能动性；
- 幼儿社会性发展具有关键期；
- 社会化是终身的过程。

社会性是人们进行社会交往，建立人际关系，理解、掌握和遵守社会行为规则，以及人们控制自身行为的心理特征。

幼儿社会性的影响因素如下所示：

- 遗传因素；
- 家庭环境；
- 幼儿园环境；
- 传播媒介。

（二）幼儿社会性发展

社会性发展是个体心理特征变化的一种描述，即个体在与他人关系中表现出来的观念、情感、态度和行为等随着年龄而发生的变化。

幼儿社会性发展的心理结构如下所示：

- 自我意识的发展（如自我认识、自我控制与调节等）；
- 社会认知的发展（如对他人、性别角色、规范等的认知）；

- 社会行为的发展（如亲社会行为、攻击性行为、撒谎行为、告状行为等）；
- 社会适应能力的发展（如对新环境的适应能力，对陌生人的适应能力，克服困难、解决生活问题的能力，等等）；
- 社会情绪情感的发展（如依恋感、同情心、责任感、羞愧感等）；
- 社会道德品质的发展（如爱护环境、诚实守信、乐于助人、讲礼貌、守规矩、爱国守法等）。

幼儿社会性发展的特点如下所示：

- 自我意识发展的关键期：4~5 岁和 7~9 岁
- 自我控制发展的关键期：3~5 岁；
- 情绪控制发展的关键期：6~7 岁；
- 坚持性发展的关键期：6~7 岁；
- 自制力发展的关键期：3~4 岁和 6~7 岁；
- 独立性发展的关键期：3~4 岁和 7~8 岁；
- 动机控制发展的关键期：3~5 岁。

（三）幼儿社会教育

幼儿社会教育是以促进幼儿自我意识、增进幼儿社会认知、激发幼儿社会情感、引导幼儿社会行为、提高幼儿社会适应能力、培养幼儿良好的社会道德品质为主要内容的教育。

幼儿社会教育的内容，包含了自我意识、社会认知、社会行为、社会适应、社会情绪情感、社会道德品质六个方面，这是构成幼儿社会性发展心理的主要成分，六个方面相互联系，形成有机统一的整体。

幼儿社会教育的意义（二维码 1-1）如下所示：

- 有助于加快幼儿社会化的进程；
- 有利于激发幼儿的内在动力；
- 有利于幼儿自我发展能力的提高；
- 有利于促进幼儿人格的全面发展；
- 有利于提高幼儿的综合素质。

扫一扫

二维码 1-1　幼儿社会教育的意义（微课）

（四）幼儿社会领域与其他相关课程领域的关系

幼儿五大领域的教育共同作用于儿童的整体发展，其中幼儿社会教育起着导向作用，为其他领域提供方向与价值的指引。(图 1-1)

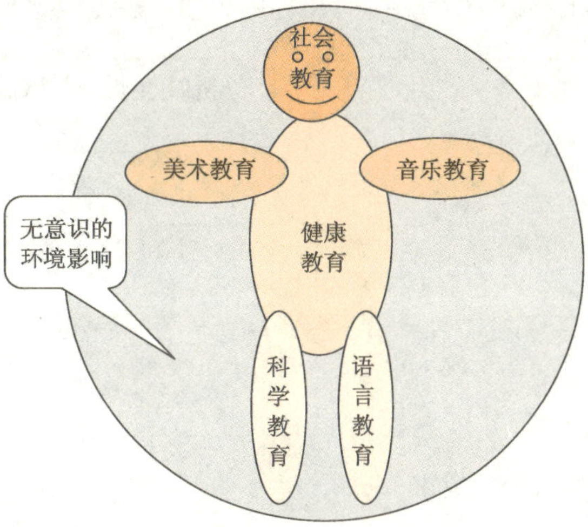

图 1-1 幼儿五大领域的整合关系

（五）社会性发展案例教学（二维码 1-2）

扫一扫

二维码 1-2 社会性发展案例教学

四、知识准备

1. 结合自身生活实际回答下列问题。

探讨问题	你的回答
你从小到大，担当过哪些社会角色？	
你最擅长做的事是什么？	
如果遇到了你的班主任，你会怎么和他打招呼？	
如果在电影院里遇到了你的好朋友，你会怎么和他打招呼？	
如果在路上遇到了你的朋友，你会怎么和他打招呼？	
你从小到大拥有了哪些社会技能？（社会生存所需要的技能）	
你从小到大为社会做出的贡献有哪些？	
进入新学校，你如何让自己尽快适应新的学习环境？	

2. 扫一扫二维码 1-2，阅读案例，并写出你的想法、观点或感想。

案例	分析社会性教育对幼儿发展的意义
案例一：狼孩的故事	
案例二：金的故事	
案例三：沙赫特实验	
案例四：“东方神童”魏永康的故事	

3. 请用思维导图的形式画出幼儿社会性发展包含的内容。

4. 请你举出周围的人或自己与社会“脱节”的例子。

任务实施

任务工作单 1

组号：__________ 姓名：__________ 学号：__________ 班级：__________

1. 围绕幼儿社会性发展内容，请回忆自身成长历程，在家庭中，你的父母或者其他监护人是如何培养你的社会性发展的。

2. 试想你正在吃自助餐，请思考此时会涉及哪些社会性发展的内容。

3. 请分析下面的童话故事、民间故事或绘本故事所涉及社会性发展的内容有哪些？有何教育意义？

故事名称	故事核心思想	社会性发展内容和教育意义
《狼来了》		
《小羊过桥》		
《乌鸦和狐狸》		
《丑小鸭》		
《我长大了》		
《妈妈发火了》		
《有礼貌的小熊熊》		
《端空花盆的孩子——宋金的故事》		

任务评价

扫一扫二维码 1-3，完成对任务工作单 1 的评价。

二维码 1-3　对任务工作单 1 的评价

拓展与提升

1. 幼儿社会性的影响因素有以下四个方面，请结合自身成长经历谈谈你对这四个方面的理解。

影响因素	理由（可举例说明）
遗传因素	
家庭	
幼儿园	
传播媒介	

2. 根据《幼儿园教师专业标准（试行）》的相关内容，尝试探索：作为幼儿园教师，要能胜任幼儿园社会领域的教育任务，应该具备哪些社会教育知识和技能？

任务 2 幼儿社会教育的目标和内容

一、任务描述

一位荣获诺贝尔奖的科学家认为在幼儿园，他学到了这辈子最重要的东西：“幼儿园教会我把自己的东西分一半给小伙伴，不是自己的东西不要拿，东西要放整齐，吃饭前要洗手，做错事情要表示歉意，午饭后要休息，要仔细观察大自然。从根本上说，我学到的最重要的东西就是这些。”

幼儿园实际工作中处处体现社会教育，结合自身的经验和相关文件精神，梳理科学家观点中关于社会性发展的重要价值观。

二、学习目标

1. 知识目标

（1）初步掌握幼儿社会教育目标制定与内容选择的依据。

（2）理解幼儿社会教育目标的定位，熟记幼儿园社会领域的总目标。

2. 能力目标

（1）能够区别社会教育领域和其他教育领域的目标和内容。

（2）能根据社会教育领域活动目标选择相适应的活动内容。

3. 素养素质目标

关注和了解我国幼儿社会教育领域研究动向。

三、相关知识链接

（一）确定幼儿社会教育目标的依据（二维码 1-4）

扫一扫

二维码 1-4 确定幼儿社会教育目标的依据（微课）

（二）幼儿社会教育目标制定的原则

- 整体性原则；
- 科学性原则；
- 基础性原则；
- 发展适宜性原则。

（三）幼儿社会教育内容选择的依据

- 以幼儿社会教育目标为依据；
- 以社会现实为依据；
- 以幼儿的发展水平为依据；
- 以地区和幼儿园实际情况和现有资源为依据。

（四）《幼儿园教育指导纲要（试行）》社会领域的目标和内容（二维码 1-5）

二维码 1-5　《幼儿园教育指导纲要（试行）》社会领域的目标和内容

（五）《3~6 岁儿童学习与发展指南》社会领域的目标和内容（二维码 1-6）

二维码 1-6　《3~6 岁儿童学习与发展指南》社会领域的目标和内容

四、知识准备

1. 阅读《幼儿园教育指导纲要（试行）》（以下简称《纲要》）社会领域的目标与内容、《3~6 岁儿童学习与发展指南》（以下简称《指南》）社会领域的目标与内容，请归纳出幼儿园社会教育在“自己”“他人”“社会”方面的内容。

维度	《纲要》	《指南》
自己		
他人		
社会		

2. 根据《纲要》和《指南》，区别以下目标和内容所属领域。

目标和内容	所属领域
（1）愿意把自己的情绪告诉亲近的人，一起分享快乐或求得安慰	
（2）对大家都喜欢的东西能轮流分享	
（3）喜欢和小朋友一起做游戏，有经常一起玩的小伙伴	
（4）愿意并主动参加集体活动	
（5）愿意为集体做事，为集体的成绩感到高兴	
（6）对生活中常见的标识、符号感兴趣，知道它们表示一定的意义	
（7）能用图画或其他符号进行记录	
（8）知道一些基本的防灾知识	
（9）感受规则的意义，并能基本遵守规则	
（10）能自觉遵守基本的安全规则和交通规则	
（11）别人讲话时能积极主动地回应	
（12）懂得按次序轮流讲话，不随意打断别人	
（13）愿意与他人交谈，喜欢谈论自己感兴趣的话题	
（14）能主动使用礼貌用语，不说脏话、粗话	
（15）能有礼貌地与人交往	
（16）爱护玩具和其他物品，爱护公物和公共环境	
（17）爱清洁、讲卫生，注意保持个人和生活场所的整洁和卫生	

任务实施

任务工作单 2

组号：__________ 姓名：__________ 学号：__________ 班级：__________

1. 根据前面的任务描述内容，根据《指南》的目标，梳理对应的教育内容。

2. 根据社会教育的“自己”“他人”“社会”三个方面，尽可能多地收集相关教学活动资料，填写活动名称，并写出活动的主要内容。

类别	活动名称（主要内容） 例如：我爱我的幼儿园（归属感）
自己	
他人	
社会	

任务评价

扫一扫二维码 1-7，完成对任务工作单 2 的评价。

二维码 1-7　对任务工作单 2 的评价

拓展与提升

收集近五年来有关幼儿园社会领域的研究论文，并概括论文的主要内容，记录你的阅读感悟。

论文名称	内容概括

阅读感悟

项目二 幼儿社会教育策略

任务1 幼儿社会教育原则、方法、途径

一、任务描述

中班的小亮自从来到幼儿园就不愿和其他小朋友交往，总是喜欢自己独处、自己游戏，有的时候还会与其他小朋友因玩玩具而争吵。小齐老师通过家访发现，小亮的父母平日的工作很忙，在家里很少与小亮交流、玩耍。很显然，小亮的社会交往存在障碍。

针对小亮不愿和其他小朋友交往的问题，请作为教师的你采取合适的方法、途径，设计幼儿社会教育发展方案，帮助小亮主动交往，建立良好的同伴关系。

二、学习目标

1. 知识目标

（1）理解幼儿社会学习的特点。

（2）理解幼儿社会教育的原则。

2. 能力目标

学会运用幼儿社会教育的方法和途径。

3. 素养素质目标

关爱儿童，关注儿童成长，有爱心。

三、相关知识链接

（一）幼儿社会学习的特点[①]

1. 模仿

自觉或不自觉地重复他人（榜样）的行为是幼儿社会学习的基本方法之一。可模仿的行为模式可以是行动类的，也可以是态度类的。可模仿的榜样可以是现实生活中的真人，

① 李季湄，冯晓霞.《3~6岁儿童学习与发展指南》解读［M］. 北京 人民教育出版社，2013.

也可以是电视、图书中的虚构形象。

2. 同化（环境熏陶）

社会学领域的同化，是指个体的态度和行为受周围其他人的影响而逐渐变得与其相似的现象，即所谓“近朱者赤，近墨者黑”。同化效应是个体在潜移默化中对外部环境的一种不自觉的调适。如周围的人都彬彬有礼，儿童自然也就会礼貌待人。同化中含有模仿的因素，但更强调的是团体行为和情感态度的感染与熏陶。

3. 强化

在社会学习过程中，儿童的行为往往会产生不同的结果，并伴随着不同的情感体验，这些结果和体验会对其行为产生一定的影响（强化作用）。强化可分为正强化、负强化。当小孩的行为不符合要求时，可以取消他的某些权利，如不准他玩、不准他参与某项活动等——这是实施负强化；当他的行为符合要求时，可以给予奖励、奖赏，触发他重复积极的行为——这是实施正强化。一般而言，外在的奖励固然能激起行为的回馈，但是只有最终唤起儿童的自尊和自我满足时才是最有效果的。否则奖励就会变成一种贿赂和交换，反而会产生不良后果。

4. 体验

体验既是一种活动，也是活动的结果。作为一种活动，是主体亲历某件事并在此过程中对事物产生真切的感受，从而形成某种态度和认识的过程；作为活动的结果，是主体在亲身参与实践的过程中，对其所隐含的道理和意义形成的独特感受和领悟。体验是幼儿重要的学习方式，是认识和态度形成的基础。各领域的学习，尤其是涉及情感态度方面的学习，都离不开相应的体验。例如，在社会规则的学习中，模仿、同化和强化都可以让幼儿表现出符合规则的行为，但“只知其然而不知其所以然”是不利于儿童形成自觉性和主动性的。因此，理解规则的意义是必要的，但对幼儿来说，理解规则的意义往往不能说教，而需要以实际体验为基础。

幼儿社会学习的特点在案例中有更直观的表现。（二维码 1-8）

扫一扫

二维码 1-8　幼儿社会学习特点案例

（二）幼儿社会教育的原则①

1. 正面性原则

一是要求我们在教育过程中对幼儿取得的每一次成功、每一点进步都给予积极的肯定和鼓励。同时当幼儿遇到困难、挫折时，不是一味责备，而是给予更多的理解和包容；二是要求我们在教育时，提供的例子或模仿对象应该是积极的、正面的。例如，幼儿角色扮演，引导幼儿理解故事中的人物情感时，尽量选择正面的角色。

---

① 裘指挥. 幼儿社会教育与活动指导［M］. 北京：高等教育出版社，2014.

2. 渗透性原则

幼儿的社会学习具有同化的特点，即在环境中潜移默化地影响幼儿的社会性发展，因此，幼儿社会教育不能只局限于专门的社会教育活动，为实现社会领域的教育目标，可以将社会教育渗透到幼儿的一日生活中、其他领域教学中、家庭教育中、社区资源中等。

3. 重复性原则

幼儿行为规范的掌握和情感态度的培养是一个反复的、连续的过程。幼儿的社会学习不是一蹴而就的，而是多次、反复、重复学习的结果。例如，幼儿分享、助人为乐等亲社会行为，只有通过不断地重复、不断地提醒幼儿做出亲社会行为，了解亲社会行为对别人、对自己的重要意义后，幼儿才能通过体验，逐渐将其内化为自己的行为，萌发真正的利他行为。

4. 活动性原则

幼儿的思维特点决定了幼儿要通过活动来开展社会学习，在活动中调动多种感官的参与并进行体验，这样才能把社会行为规范内化为自己的行为。如当我们要让幼儿记住“红灯停，绿灯行”的社会规则时，最好通过创设情景或让他们直接在马路上进行体验，这会有较好的效果。

5. 生成性原则

幼儿对行为规范的掌握、社会角色的内化、情感态度的养成，主要不是来源于成人的说教，而是在日常生活与学习中完成的。为此，幼儿社会教育应贯彻生成性原则，它要求幼儿在日常生活中，通过成人的合理引导、自己的尝试探索，了解社会知识，掌握社会技能，学习解决问题，养成良好的情感态度。

（三）幼儿社会教育的方法

幼儿社会教育的方法主要有以下两种：

（1）一般方法：讲解法、谈话法、讨论法、观察演示法、参观法。

（2）特殊方法：行为练习法、榜样示范法、角色扮演法、强化评价法、移情训练法、自然后果法、表决法、价值澄清法（二维码 1-9）。

二维码 1-9　幼儿社会教育特殊方法——价值澄清法

（四）幼儿社会教育活动途径（二维码 1-10）

二维码 1-10　幼儿园社会教育活动途径

（五）幼儿社会教育注意事项（二维码 1-11）

二维码 1-11　幼儿社会教育注意事项

（六）幼儿社会教育的经验分享（二维码 1-12）

二维码 1-12　幼儿社会教育的经验分享①

四、知识准备

1. 通过查阅网络和图书资源，自主检测对幼儿社会教育方法的掌握情况。

一般方法	是否清楚（✓/×）	特殊方法	是否清楚（✓/×）
讲解法		行为练习法	
谈话法		榜样示范法	
讨论法		角色扮演法	
观察演示法		强化评价法	
参观法		移情训练法	
		自然后果法	
		表决法	
		价值澄清法	

① 本案例由贵州省凯里市第八幼儿园罗钊提供。

2. 请解释说明下列幼儿社会教育方法。

行为练习法	
自然后果法	
讨论法	
价值澄清法	

3. 扫二维码 1-8，阅读四个案例，讨论四个案例所反映的幼儿社会学习特点，分析每个案例体现的教育原则，并填入下面表格中。

序号	幼儿社会学习的特点	教育原则	需要注意的问题
案例一			
案例二			
案例三			
案例四			

4. 在幼儿园里，你会如何让孩子掌握“上下楼梯靠右行”这个规则？

序号	你的做法	体现的幼儿社会学习特点

5. 完成下列选择题。

选择题	答案
（1）下列哪种教育方法最具直观性？（　　） A. 讲解法　B. 讨论法　C. 谈话法　D. 强化评价法	
（2）下列选项不属于讨论法的是（　　） A. 小组讨论　B. 全班讨论　C. 个别讨论　D. 成对交换意见	
（3）形成和巩固儿童社会行为最有效的方法是（　　） A. 讲解法　B. 讨论法　C. 行为练习法　D. 强化评价法	
（4）移情训练不适合采用哪种方法？（　　） A. 讲故事　B. 情境演示　C. 生活体验　D. 幻想	
（5）利用环境、周围人的言行举止对幼儿进行积极感染，在潜移默化中影响幼儿的社会态度和社会行为的教育方法是（　　） A. 参观法　B. 移情训练法　C. 陶冶熏染法　D. 角色扮演法	
（6）以下哪种属于幼儿园的专门教育活动？（　　） A. 区域活动　B. 游戏活动　C. 课堂教学活动　D. 幼儿随机教育	
（7）教师用树立榜样的方式引导幼儿体现了（　　） A. 活动性原则　B. 正面性原则　C. 渗透性原则　D. 重复性原则	

续表

选择题	答案
(8) 在进行幼儿社会教育时，教师采用认知提示、情绪追忆、情感换位、巩固深化、情境表演的程序，这属于（　　）的运用过程 A. 语言引导法　B. 移情训练法　C. 角色扮演法　D. 直观形象法	
(9) 幼儿园环境创设中，使用易于识别的生活行为规则标示图。其最主要的目的是（　　） A. 美化环境　B. 便于幼儿看图说话 C. 便于幼儿认识各种符号　D. 便于幼儿习得生活技能和行为准则	
(10) 实施幼儿园德育最基本的途径是（　　） A. 教学活动　B. 亲子活动　C. 阅读活动　D. 日常生活	

6. 扫描二维码 1-10，观看视频，归纳幼儿园社会教育的途径。

7. 结合幼儿园一日生活流程，思考：每个环节可以渗透的社会教育内容有哪些？列表格说明。

时间	环节	可以渗透的社会教育内容
例如，7：40—8：20	入园、晨检、晨间接待	文明礼貌用语、人际交往教育、自我服务教育等

任务实施

任务工作单 3

组号：__________ 姓名：__________ 学号：__________ 班级：__________

结合下列情景，列举几种适合处理该问题情景的教育途径，并简要说明具体做法。

案例情景	中班的小亮自从来到幼儿园就不愿和其他小朋友交往，总是喜欢自己独处、自己游戏，有的时候还会与其他小朋友因玩玩具而争吵。小齐老师通过家访发现，小亮的父母平日的工作很忙，在家里很少与小亮交流、玩耍。很显然，小亮的社会交往存在障碍，怎样才能帮助小亮融入集体生活、学会与人交往呢？	
序号	教育途径	具体做法

任务评价

扫一扫二维码 1-13，完成对任务工作单 3 的评价

扫一扫

二维码 1-13　对任务工作单 3 的评价

拓展与提升

1. 小组合作，通过网络、书籍等资源，收集一篇优秀幼儿园社会领域教学活动案例，打印出来，放在此页，并分析该案例采用了哪些教学方法。

2. 扫二维码 1-14 观看视频“小班社会教育活动‘拥抱’”，分析视频中的教师用了哪些方法？具体是如何体现的？除此之外，你还能用哪些方法？具体如何体现？

扫一扫

二维码 1-14　小班社会教育活动“拥抱”①

视频用到的方法	具体体现	你用的方法	如何体现

① 资料来源于 2019 年全国职业院校技能大赛（高职组）“学前教育专业教育技能”赛项赛卷。

任务 2 幼儿园社会教育活动方案设计

一、任务描述

一次教学比赛中，中班的李老师组织了一节社会活动“我爱我的模样”。教学过程中，李老师绘声绘色地讲述故事《白羊村的美容院》。之后又引导孩子们认真观察画面，让他们通过观察人物的表情感受人物的心理状态；并通过故事语言，引导他们表演出人物的心理状态；引导孩子们通过故事情节制造的冲突，感受人物心理的变化。活动中，老师语言优美，孩子们也很积极，表演得很投入认真。比赛结束后，李老师竟然没有获奖。

请尝试分析原因。

二、学习目标

1. **知识目标**

（1）了解幼儿园社会教育活动设计的原则、内容。

（2）熟悉 3~6 岁幼儿各年龄段社会领域目标。

2. **能力目标**

（1）能结合不同年龄段幼儿特点，合理制定活动目标。

（2）掌握社会教育活动目标设计的要求。

（3）能初步根据社会教育活动设计进行试教。

3. **素养素质目标**

尝试采用辩证法探索适宜的幼儿社会教育活动设计。

三、相关知识链接

（一）幼儿园社会教育活动具体方案设计

一份完整的活动具体方案设计，一般包含活动名称、活动目标、活动重难点、活动准备、活动过程和活动延伸六个方面的内容。

1. 活动名称

活动名称要明确活动的主题和内容，符合儿童化的特点。

2. 活动目标

作为活动设计重要的一环，活动目标的确定应遵循以下要求：

（1）目标的制定要符合幼儿的年龄特点和已有发展水平、经验的需要。

（2）确定的目标既要稍微高于幼儿的已有水平，又要在幼儿最近发展区的范畴内，从而促进幼儿的发展。

（3）具体的活动目标要与月目标、学期目标、幼儿发展水平目标、幼儿教育总目标相一致，又要与之相区别。要注意由浅入深，循序渐进。

（4）目标包含认知、情感态度和能力等维度的内容。实际撰写教案时，不必标注出维度，教师有意识地进行区分即可。

- 认知：有关认识自己和他人的知识、社会情感的知识、社会行为的知识、社会环境的知识、社会活动的知识、社会文化的知识等。**常用的表述词语有：了解、知道、懂得、意识到、理解等。**
- 情感态度：良好的态度（认真、虚心、有始有终、一心一意、努力等）；良好的道德情感（有同情心、责任心，乐于助人，懂得分享、谦让、感恩、宽容、诚信，关爱他人、爱护公物和环境等）；良好的个性品质（意志力、自信心、勇气、自制力、自尊心、自主性、耐心、细心等）。**常用的表述词语有：乐意、愿意、喜欢、保持等。**
- 能力：良好的行为习惯（合作能力、交往能力、自主能力、独立能力、生活自理能力、环境适应能力）；抗挫折能力、移情能力、自我调节能力等。**常用的表述词语有：学会、遵守、做到、能够、形成、运用、掌握等。**

（5）目标的表述符合本领域要求；表述明确，重点突出，具有可操作性；目标的表述方式要统一，以幼儿为主体的表述更为适宜；目标中不能包含疑问词和疑问句。（二维码 1-15）

扫一扫

二维码 1-15　幼儿园社会教育活动目标的表述

3. 活动重难点

活动重点是指教学中的重点内容，是教学活动中需要解决的主要矛盾，是教学的重心所在；活动难点是指那些抽象的、离儿童的生活实际较远的、过程较复杂的、幼儿难于理解和掌握的知识、技能和方法。

4. 活动准备

具体社会教育活动的准备应围绕目标和教育内容，并充分考虑幼儿的年龄特点和生活经验，要满足全体幼儿操作和探索的需要等。（表 1-1）

表 1-1　活动准备清单

教师要做的准备	物质准备	各种教玩具、奖品、课件等
	环境准备	座位的摆放、环境布置、情境表演等
幼儿要做的准备	经验准备	事先参观、事先学习等
	物质准备	从家中带的一些材料、自己动手制作的材料等
	心理准备	勇敢、坦然地面对恐惧

5. 活动过程

活动过程分为开始部分（导入）、基本部分、结束部分三个环节。

（1）开始部分（导入）：目的在于引发幼儿参与游戏的兴趣。导入的形式多样，可以使用单一的导入方法，也可以将几种导入方法结合起来使用。其中包括谈话导入、情境表演导入、情景导入、音乐导入、操作导入、交流讨论导入、游戏导入、故事导入、展示玩教具导入、直接提问导入等。

（2）基本部分：在此部分要为幼儿提供更多的操作探索、交流合作、表达表现的机会，支持和促进幼儿主动学习。要为实现目标而服务，要由浅入深、由易到难、循序渐进，要层次清楚、环环相扣。

（3）结束部分：在轻松氛围下结束活动，师生进行总结。

活动过程的撰写也须遵守一定的规范，见二维码 1-16。

扫一扫

二维码 1-16　活动过程撰写规范

6. 活动延伸

活动延伸是指在教育活动后，教师继续设计一些与此相关的辅助活动，使教育内容渗透到一日生活中，使学前儿童受教育的时间能够延长，使教育的目的能够更好地实现。

活动延伸的形式（二维码 1-17）如下所示：

- 家园共育；
- 领域渗透；
- 环境创设；
- 区角活动；
- 游戏；

……

扫一扫

二维码 1-17　活动延伸案例

（二）幼儿园社会教育活动方案评价

1. 教育活动方案评价表（表 1-2）

表 1-2 教育活动方案评价表

项目	评价要点	权重	分数
活动方案	活动方案基本要素齐全，应包括：活动名称、活动目标、活动重难点、活动准备、活动过程和活动延伸等	10	
活动设计意图	对本活动的由来及活动的意图做出清晰的说明	5	
教育活动目标设计	（1）教育活动目标全面，包括社会认知、社会情感和社会行为习惯三个方面的目标	5	
	（2）教育活动目标具体明确，具有可操作性、可检测性	5	
	（3）教育活动目标相互协调，表述层次清晰	5	
	（4）教育活动目标符合本班幼儿的实际情况	5	
	（5）教育目标重点、难点准确	5	
教育活动准备设计	教育活动准备以教育活动目标为中心，服务于教育活动目标，各项准备充分、合理、必要、到位	10	
教育活动过程设计	（1）教育活动过程设计符合幼儿教育学、幼儿心理学	5	
	（2）教育活动过程设计具有可行性、可操作性	10	
	（3）教育活动过程设计思路清晰，组织教学步骤完整，结构合理，时间分配科学	10	
	（4）重点突出，所设计的教育活动过程有利于难点的突破，有利于目标的实现	10	
教育活动延伸	（1）活动延伸能使幼儿的知识经验得到巩固和强化	5	
	（2）体现出“渗透”的教育思想，且渗透得自然合理	5	
教育活动特色	设计新颖、有特色、有创意	5	
总体评价		总分	

2. 全国职业院校技能大赛幼儿教育技能赛项教育活动设计评分标准（二维码 1-18）

扫一扫

二维码 1-18 全国职业院校技能大赛幼儿教育技能赛项教育活动设计评分标准

（三）幼儿园社会教育活动设计案例（二维码 1-19）

扫一扫

二维码 1-19 幼儿园社会教育活动设计案例①

① 案例一由贵州省遵义市第一实验幼儿园李燕、冯梅、邓跃撰写；案例二由贵州省人民政府机关幼儿园周梦撰写；案例三由贵州省六盘水市第四实验幼儿园周美撰写。

（四）幼儿园社会教育活动设计基本步骤（二维码 1-20）

二维码 1-20　幼儿园社会教育活动设计基本步骤

（五）幼儿园社会教育活动设计常见问题（二维码 1-21）

二维码 1-21　幼儿园社会教育活动设计常见问题（微课）

（六）幼儿园社会教育活动设计说课模板（二维码 1-22）

二维码 1-22　幼儿园社会教育活动设计说课模板

四、知识准备

1. 回答下列问题。

（1）一份完整的社会教育活动方案，一般包含活动名称、活动目标、活动重难点、活动准备、________和活动延伸六个方面的内容
（2）活动名称：大班社会活动“关心他人我也会”，由年龄班级、________和活动主题三个部分构成
（3）教学目标可分为三个维度：认知目标、________和________
（4）活动准备应围绕________、________、________
（5）活动重点是指：
（6）活动难点是指：
（7）活动过程一般包括________、________、________三个环节
（8）尽可能多地列举导入的方式：

2. 请区分下列目标中的总目标、阶段目标、具体活动目标。

目标	所属类别
引导幼儿初步懂得与他人合作，初步懂得分享和谦让	
懂得有玩具要大家一起玩，体验与同伴一起玩的快乐	
乐意与人交往，学习互助、合作和分享，有同情心	

3. 请填写以下目标所属维度。

目标	所属维度
了解食品店里的主要商品，知道食品可以分类	
培养幼儿观察、辨认维吾尔族人和蒙古族人的能力	
激发幼儿对剥豆的兴趣，乐意剥豆	
认识自己的标记	
逐步养成良好的行为习惯	
知道自己长大了，要上幼儿园	

4. 根据《指南》（二维码 1-6），填写以下目标和内容所对应的幼儿年龄段。

目标和内容	所属年龄段
能说出自己家所在省、市、县（区）的名称，知道当地有代表性的物产或景观	
愿意为集体做事，为集体的成绩感到高兴	
能感受到家庭生活的温暖，爱父母，亲近与信赖长辈	
知道自己的民族，知道中国是一个多民族的大家庭，各民族之间要互相尊重、团结友爱	
知道国家一些重大成就，爱祖国，为自己是中国人感到自豪	
知道不经允许不能拿别人的东西，借别人的东西要归还	
爱护身边的环境，注意节约资源	
知道说谎是不对的	
愿意并主动参加群体活动	
能关注别人的情绪和需要，并能给予力所能及的帮助	
为自己的良好行为或活动成果感到高兴	

续表

目标和内容	所属年龄段
敢于尝试有一定难度的活动和任务	
会运用介绍自己、交换玩具等简单技巧加入同伴游戏	
与同伴发生冲突时能自己协商解决	
有高兴的或有趣的事愿意与大家分享	
愿意和同伴一起游戏	

5. 下列活动属于哪个领域，并说明理由。

活动题目及目标	所属领域	理由
活动题目：我是中国娃（大班） 活动目标： （1）知道万里长城、故宫都是勤劳的中国人民建造的 （2）能说出 2~3 个我国的“世界之最”，并能将自己所说的内容与图片对应起来 （3）初步产生热爱祖国的情感		
活动题目：我是中国娃（大班） 活动目标： （1）用愉快的情绪学唱歌曲《中国娃》 （2）做到连贯地唱出歌词，音调节奏准确 （3）能够有表情地表演歌曲内容		
活动题目：交通小卫士		
活动题目：认识情绪宝宝		

续表

活动题目及目标	所属领域	理由
活动题目：垃圾分类		

6. 根据所学内容，请找出以下目标设计所存在问题，并进行具体修改。

活动题目及目标	修改
小班社会活动题目：学会分享 （1）引导幼儿学会分享，并能体验分享的快乐，加深同伴间的友谊 （2）引导幼儿学会交流并使用礼貌用语	
中班社会活动题目：红绿灯 活动目标： （1）引导幼儿懂得过马路时，必须遵守交通规则 （2）引导幼儿初步掌握安全小常识，学会自我保护的方法	
大班社会活动题目：少数民族大团结 活动目标： （1）引导幼儿知道我国是一个多民族国家，各民族人民勤劳勇敢 （2）引导幼儿了解蒙古族、藏族、维吾尔族、朝鲜族的民族服饰、风俗习惯 （3）引导幼儿萌发热爱少数民族的情感	

任务实施

任务工作单 4

组号：＿＿＿＿＿＿　姓名：＿＿＿＿＿＿　学号：＿＿＿＿＿＿　班级：＿＿＿＿＿＿

1. 一次教学比赛中，中班的李老师组织了一节社会活动“我爱我的模样”。教学过程中，李老师绘声绘色地讲述故事《白羊村的美容院》。之后又引导孩子们认真观察画面，让他们通过观察人物的表情感受人物的心理状态；并通过故事语言，引导他们表演出人物的心理状态；引导孩子们通过故事情节制造的冲突，感受人物心理的变化。活动中，老师语言优美，孩子们也很积极，表演得很投入认真。比赛结束后，李老师竟然没有获奖。

请尝试分析原因。

2. 根据教案素材二维码 1-19，请进行分析。

（1）对照活动目标设计的要求，判断是否符合目标设计的要求，并说明理由。

（2）活动准备都有哪些？

（3）导入的方法是什么？

（4）活动中的哪些环节有小结？作用如何？

（5）活动采用了哪些教学方法？

（6）活动延伸的形式是什么？

（7）活动目标实现了吗？

（8）教育活动方案撰写上是否有问题？

3. 根据之前收集的教学活动方案，请尝试填写教育活动方案评价表，并说明理由。

项目	评价要点	权重	分数
活动方案	活动方案基本要素齐全，应包括：活动名称、活动设计意图、活动目标、活动准备、活动过程和活动延伸等	10	
活动设计意图	对本活动的由来及活动的意图做出清晰的说明	5	
教育活动目标设计	（1）教育活动目标全面，包括社会认知、社会情感和社会行为习惯三个方面目标	5	
	（2）教育活动目标具体明确，具有可操作性、可检测性	5	
	（3）教育活动目标相互协调，表述层次清晰	5	
	（4）教育活动目标符合本班幼儿的实际情况	5	
	（5）教育目标重点、难点准确	5	
教育活动准备设计	教育活动准备以教育活动目标为中心，服务于教育活动目标的达成，各项准备充分、合理、必要、到位	10	
教育活动过程设计	（1）教育活动过程设计符合幼儿教育学、幼儿心理学	5	
	（2）教育活动过程设计具有可行性、可操作性	10	
	（3）教育活动过程设计思路清晰，组织教学步骤完整，结构合理，时间分配科学	10	
	（4）重点突出，所设计过程有利于难点的突破，有利于目标的实现	10	
教育活动延伸	（1）活动延伸能使幼儿的知识经验得到巩固和强化	5	
	（2）体现出“渗透”的教育思想，且渗透得自然合理	5	
教育活动特色	设计新颖、有特色、有创意	5	
总体评价		总分	

任务评价

扫一扫二维码 1-23，完成对任务工作单 4 的评价。

扫一扫

二维码 1-23　对任务工作单 4 的评价

拓展与提升

1. 小组合作，通过网络、书籍等资源，收集优秀的活动延伸资料。
2. 尝试给任务工作单 4 中的教案撰写说课稿。

模块二
幼儿与自己

认识自己既是幼儿走向社会的第一步，也是他们建立自我认知和自尊心的基础。对于幼儿来说，认识自己不仅包括了解自己的外貌、名字、年龄等基本情况，更重要的是逐渐认识到自己的兴趣爱好、性格特点、情感需求等内在特质。在认识自己的过程中，幼儿会逐渐形成自我意识，开始意识到自己的存在和价值。这种自我意识既是幼儿自我调节和自我管理的基础，也是他们与他人建立良好关系的关键。本模块帮助学生了解幼儿自我意识的概念和内容，知道各年龄段幼儿自我意识的发展特点，掌握幼儿园自我意识教育活动的内容、途径、方法，并学会运用相关理论与方法设计促进幼儿自我意识发展的活动方案。

项目一 幼儿自我意识认知

任务1 幼儿自我意识目标、内容

一、任务描述

一个5岁女孩的自述

我叫笑笑，今年5岁了，妈妈说我是属兔的，他们都叫我“小兔子”。周末，爸爸会带我去吃肯德基，我喜欢吃薯条。我盼望过生日，因为妈妈说生日那天要送给我一个很大很大的布娃娃。我喜欢和明明一起玩，但不喜欢和芳芳一块玩，她老是爱哭。爸爸出差到北京，他说要给我买条新裙子回来。妈妈说我东西玩完了，自己也不去收拾，但我会自己洗小手帕了。

请描述案例中小女孩的自我意识发展的特点，尝试依据不同年龄段幼儿自我意识、教育的目标和内容，设计相关的教育活动。

二、学习目标

1. 知识目标

（1）知道幼儿自我意识的概念、内容。

（2）了解幼儿自尊、自信的概念和内容。

（3）掌握幼儿自我意识各年龄段的发展目标和内容。

2. 能力目标

能分析幼儿自我意识发展特点

3. 素养素质目标

（1）培养自主学习能力，以及针对幼儿自我意识发展的分析能力，培养合作学习的意识。

（2）树立自尊自信，初步感受文化自信。

三、相关知识链接

作为成年人，如果请你介绍一下自己，你可能会谈论你的身高、职业或喜欢的娱乐活动；你也可能会谈谈你所在的地区、你的角色，或者你的价值观，这些特点结合起来就能代表你这个人。

一个 4~5 岁的幼儿对于自己的认识不如成年人那么具体而全面、丰富而稳定，他们更多地倾向于介绍表面的、暂时的、不稳定的一些特质。例如，“我叫恩恩，今年 5 岁了，明年就要上小学了，我属猴，我的爱好是学习，我可爱、温柔。”

婴儿出生的时候不具备自我意识，他们还没有将作为主体的自己与周围环境中的客体区分开的能力。一直到 1 岁的时候，他们才能将“主体我”和“客体我”进行区分，这时才开始出现自我意识的萌芽。心理学上著名的“点红实验”，即测试婴儿自我意识的发展。

（一）自我意识

自我意识也称自我，是一个人对自己作为客体存在的身心活动的觉察，即自己认识自己的一切。成熟的自我意识至少有如下三个方面的表现：

- 能意识到自己的身体、身体特征和生理状况；
- 能认知并体验到自己内心的心理活动；
- 能认识并感受到自己在社会和集体中的地位与作用。

我国学者从知、情、意这一角度出发，认为自我由“自我认识”“自我体验”“自我调控”三个方面构成。

1. 自我认识

“知”即自我认识，是指个体对自己身心特征和活动状态的认知和评价，属于自我意识的认知成分，主要包括自我观察、自我感知、自我概念和自我评价等，其中能够反映个体自我认知发展水平的是自我概念和自我评价。

2~3 岁时，幼儿对自己的描述最常见的是自己的性别和年龄，如我 2 岁了，我是女孩子。3~5 岁时，幼儿典型的自我描述常常集中体现在以下方面：

- 身体特征，如我的头发很长；
- 能力，如我会自己吃饭；
- 财产，如我有 2 个芭比娃娃；
- 社会关系，如我有个小妹妹；
- 喜好，如我喜欢吃巧克力，不喜欢吃豆子。

研究表明，这一时期的幼儿自我认知发展最显著的特点是，幼儿开始意识到自己对物体与事件的简单态度和情绪。幼儿园的小班与中班幼儿经常会宣扬自己的好恶。

随着年龄的增长，幼儿的自我认知开始进一步拓展，其中一个重要表现就是会知道自己与过去相比有什么不同。例如，大班的幼儿会说，以前我害怕虫子，现在我不怕了。

幼儿对自我的认识在学前阶段总体上呈现出具体、表面和易受权威评价的影响等特点。因此，在环境中营造一种积极的氛围，让幼儿对自我的认知朝向积极的方向是十分重要的。

2. 自我体验

“情”即自我体验，是指个体对自己所持有的一种态度，属于自我意识的情感成分，主要包括自尊、自信、自卑、自豪、内疚和自我欣赏等。其中，自尊是自我体验的重要部分，也影响着自我调控。

（1）自尊：一个人通过自我评价对自己某些人格品质予以肯定和尊重，并期望也收到他人或社会群体对自己应有的肯定和尊重，进而产生的一种积极的情感体验。自尊是一种内驱力，激励着个体尽可能地努力以获得别人的尊重，尽可能地维护自己的荣誉和社会地位。

（2）自信：一个人对自我能力及自我价值的肯定，是在对自我的客观全面认识的基础上拥有的积极情绪体验。自信是现代人必须具备的素质，自信心的建立对发挥自我潜能、把握人生机会、心理健康等都具有重要作用。

3. 自我调控

“意”即自我调控，是指个体对自己思想、情感和行为的调节和控制，属于自我意识的意志成分，主要包括自制、自立、自主、自我监督和自我控制等。

（1）3~6岁幼儿自我意识教育各年龄段典型表现（表1-3）

表1-3　3~6岁幼儿具有自尊、自信、自主表现的目标对照表[①]

3~4岁	4~5岁	5~6岁
1. 能根据自己的兴趣选择游戏或其他活动 2. 为自己的好行为或活动成果感到高兴 3. 自己能做的事愿意自己做 4. 喜欢承担一些小任务	1. 能按自己的想法进行游戏或其他活动 2. 知道自己的一些优点和长处，并对此感到满意 3. 自己的事情尽量自己做，不愿意依赖别人 4. 敢于尝试有一定难度的活动和任务	1. 能主动发起活动或在活动中出主意、想办法 2. 做了好事或取得了成功后还想做得更好 3. 自己的事自己做，不会的愿意学 4. 主动承担任务，遇到困难能够坚持而不轻易求助 5. 与别人的看法不同时，敢于坚持自己的意见并说出理由

（2）幼儿自我调控的教育建议

关注幼儿的感受，保护其自尊心和自信心，如：

- 能以平等的态度对待幼儿，使幼儿切实感受到自己被尊重。
- 对幼儿好的行为表现多给予具体、有针对性的肯定和表扬，让他对自己优点和长处有所认识并感到满足和自豪。
- 不要拿幼儿的不足与其他幼儿的优点做比较。

鼓励幼儿自主决定，独立做事，增强其自尊心和自信心，如：

- 与幼儿有关的事情要征求他的意见，即使他的意见与成人不同，也要认真倾听，接受他的合理要求。
- 在保证安全的情况下，支持幼儿按照自己的想法做事；或提供必要的条件，帮助他实现自己的想法。
- 幼儿自己的事尽量放手让他自己做，即使做得不够好，也应鼓励并给予一定的指导，让他在做事中树立自尊和自信。
- 鼓励幼儿尝试有一定难度的任务，并注意调整难度，让他感受经过努力获得的成就感。

① 参见《3~6岁儿童学习与发展指南》。

（二）自我意识的作用

自我意识在个体发展，尤其是个性形成的过程中十分重要。自我意识是一个人对自己的认识和评价，包括对自己心理倾向、个性心理特征和心理过程的认知与评价，因此，具有帮助个体认知自我和世界，进行自我教育和自我完善的作用。

首先，正是由于人具有自我意识，才能使人对自己的思想和行为有了清晰的认知，也正因为如此，人才能正确地认识外界客观事物。一个人如果还不知道自我，不能进行物我分离，他就不可能认识外界客观事物。

其次，自我意识是能进行自我教育的前提条件。人只有意识到自己是谁，自己的价值观、自己的行为方式，才会意识到自己的长处和不足。换言之，只有清醒地认识自己的特征，才能发扬优点、克服缺点，取得自我教育的积极效果。

最后，自我意识的存在能让人们不断地自我监督、调整自己，以适应外界环境的要求。因此，自我意识能够促进人的自我完善。

（三）幼儿自我意识的产生与发展

1. 0~12 个月：自我感觉的发展

新生儿是没有自我意识的，他们还不能意识到自己身体的存在，不能将自己的和周围的客体区分开，也不知道自己身体的各个部分属于自己，常会出现把自己的手或脚当玩具玩耍的情况。

5~6 个月后，随着认知能力的发展，婴幼儿开始认识到手和脚是自己身体的一部分，能够用手去抓东西，进而逐渐把自己和客观世界区分开。例如，当婴幼儿不小心把手里的玩具掉到地上，被成人捡起来时，他会故意把玩具扔到地上。在这个过程中，婴幼儿开始把自己的动作和动作的对象加以区分，开始能够区分自己的动作与玩具之间的关系。这是自我意识的最初形态。

2. 1~2 岁：自我认识的发展

1 岁左右的幼儿逐渐开始认识身体的各个部分，但还不能区分自己的身体和别人的身体。在镜子面前，他们会把镜子当作游戏伙伴，拍打它，亲吻它。发展到 13 个月的时候，他们开始区分自己和其他幼儿。

3. 2~3 岁：自我意识的萌芽

2 岁左右，幼儿开始出现对自己身体内部状态的意识，如会说“宝宝饿”“齐齐要喝水”，会用自己的名字称呼自己，并且在听到自己的名字时会做出明显的反应。这时候幼儿已经能明确地把自己和别人区分开来。到了 3 岁左右，幼儿能准确地使用代词“我”，这是自我意识真正形成的标志。

4. 3~6 岁：对自己心理活动的意识

从 3 岁开始，幼儿开始出现对自己内心活动的意识，如意识到“愿意”和“应该”是有区别的。4 岁以后，幼儿开始比较清楚地意识到自己的活动、语言、情感和行为。他们开始知道怎样去注意、观察、记忆和思考。

（四）幼儿自我意识各年龄段目标和内容（表 2-1）

表 2-1　不同年龄段幼儿自我意识目标表

年龄	目标分类	目标具体内容
3~4 岁	自我认识	认识自己，知道自己的姓名、年龄、性别；知道自己与别人的不同；知道自己与家庭成员的关系
	自我体验	了解自己的情绪，初步感知成人对自己的关爱；能用语言表达自己的需要和情感；具有初步的自信心
	自我调控	学会自己选择活动内容，遇到困难、挫折不害怕，会寻求帮助；学会做自己能做的事情；初步学会合理表达自己的情绪
4~5 岁	自我认识	认识自己与别人的不同；初步学会简单地评价自己和他人的行为
	自我体验	具有初步的自尊心和责任感；有同情心，愿意为有需要的人提供帮助
	自我调控	能主动表达自己的想法和感受，具有控制自己情绪和行为的基本能力；遇到困难能努力克服
5~6 岁	自我认识	能比较全面地认识自己的优缺点，勇于承认自己的缺点，并能努力去改变；学会评价自己和他人行为
	自我体验	具有一定的自尊心和自信心；具有较强的责任感
	自我调控	懂得应当学习好榜样，远离不良行为；能够比较自觉地控制自己的情绪和行为；学会独立解决日常生活中自己能够解决的困难

（五）自我意识教育活动目标具体内容及其设计要点（表 2-2）

表 2-2　不同年龄段幼儿自我意识教育活动设计表

目标	年龄	目标内容	目标设计要点
自尊、自主、自信	3~4 岁	能根据自己的兴趣选择游戏或其他活动	(1) 为幼儿提供丰富的活动和游戏环境，让幼儿获得成功的体验 (2) 根据幼儿的需要及时调整活动内容和游戏材料
		为自己的好行为或活动成果感到高兴	(1) 为幼儿提供表现和表达的机会，让幼儿获得成功的体验 (2) 采用评价的方法，引导幼儿评价自己的行为和他人的行为，提高幼儿的辨别能力
		自己能做的事情愿意自己做	(1) 引导幼儿知道自己的事情应该自己做，培养幼儿有初步的独立意识 (2) 培养幼儿具备初步的生活自理能力，学会自我服务的有关技能
		喜欢承担一些小任务	(1) 引导幼儿参加力所能及的劳动，让幼儿理解劳动的意义，并能看到劳动成果，体验到劳动的快乐 (2) 交给幼儿一些必要的劳动技能，教育幼儿愿意为集体、为他人做力所能及的事

续表

目标	年龄	目标内容	目标设计要点
自尊、自主、自信	4~5岁	能按自己的想法进行游戏或其他活动	(1) 尊重幼儿的想法，鼓励幼儿大胆表达自己的想法 (2) 鼓励幼儿按照自己的想法去做，充分发挥自己的观察力、想象力和判断能力
		知道自己的一些优点和长处，并对此感到满意	(1) 帮助幼儿认识自我、了解自我，正确地进行自我评价 (2) 引导幼儿正确评价别人，能够尊重、关爱、接受、帮助别人
		自己的事尽量自己做，不愿意依赖别人	(1) 在日常生活中，鼓励幼儿自己的事自己做，提高幼儿自我服务的能力 (2) 教给幼儿一些新的生活技能，乐于尝试新活动，愿意完成力所能及的事 (3) 开展“值日生”活动，通过“值日生”活动，培养幼儿为他人服务的意识、任务意识和完成任务的能力
		敢于尝试有一定难度的活动和任务	(1) 为幼儿创设丰富的活动环境和材料，鼓励幼儿自主活动，主动学习 (2) 培养幼儿不畏困难，勇于克服困难的品质
	5~6岁	能主动发起活动或在活动中出主意、想办法	(1) 充分利用日常活动和区域活动，让幼儿在与同伴和材料的互动中激发幼儿的合作和创造精神 (2) 充分发挥教师的主导作用，在教学活动中主动为幼儿设置一些情景，鼓励幼儿积极地在活动中出主意、想办法
		做了好事或取得了成功后，能做得更好	(1) 关注每一个幼儿的表现，及时发现孩子的“闪光点”，鼓励幼儿做得更好 (2) 要在生活和活动过程中多给幼儿提供获得成功的机会
		自己的事自己做，不会的愿意学	(1) 引导幼儿自己的事情自己做 (2) 在日常生活和活动中鼓励幼儿主动学习
		主动承担任务，遇到困难能够坚持而不轻易求助	(1) 创造多种活动情景，培养幼儿活动的主动性 (2) 培养幼儿的坚持性，鼓励幼儿遇到困难和挫折时，勇于再尝试
		与别人的看法不同时，敢于坚持自己的意见并说出理由	(1) 创设宽松和谐、平等尊重的交往氛围，让幼儿敢说、想说 (2) 要培养幼儿良好的语言表达能力，让幼儿能够清晰、准确地表达自己的观点

（六）幼儿自我意识概述（二维码 2-1）

扫一扫

二维码 2-1　幼儿自我意识概述（微课）

四、知识准备

【课前预习】

1. 自主查阅资料，请写出“点红实验”的内容。

2. 自主查阅资料，请写出“棉花糖实验”的内容。

3. 请用思维导图的形式画出自我意识包含的内容。

4. 完成下列选择题。

题目	答案
(1) 幼儿自我意识的主要内容有（　　）(2017 年幼儿园教师资格考试《保教知识与能力》真题) A. 自我调控　B. 自我认识　C. 自我体验　D. 自我表现	
(2) 个体自我意识萌芽最重要的标志是（　　）(2018 年幼儿园教师资格考试《保教知识与能力》真题) A. 会叫妈妈　B. 思维出现　C. 学会评价　D. 掌握代词“我”	
(3) 以下内容不属于自我意识的是（　　） A. 分享　B. 自尊　C. 自主　D. 自我评价	
(4) 让脸色抹有红点的婴儿站在镜子前，观察其行为表现，这个实验测试的是婴儿（　　）的发展。(2015 年幼儿园教师资格考试《保教知识与能力》真题) A. 自我意识　B. 防御意识　C. 性别意识　D. 道德意识	
(5) 在商场，4~5 岁的幼儿看到自己喜爱的玩具时，已不像 2~3 岁时那样吵着要买，他能听从成人的要求并用语言安慰自己：“家里有许多玩具了，我不买了。”对以上现象合理的解释是（　　） A. 4~5 岁幼儿形成节约的概念 B. 4~5 岁幼儿的情绪控制能力进一步发展 C. 4~5 岁幼儿能理解到其他玩具同样能给他带来快乐 D. 4~5 岁幼儿自我安慰的手段有了进一步发展	
(6) 研究儿童自我控制能力和行为的实验是（　　）(2017 年幼儿园教师资格考试《保教知识与能力》真题) A. 陌生情境实验　B. 点红实验　C. 延迟满足实验　D. 三山实验	
(7) “我好开心，今天我当了值日生，老师表扬了我。”这句话反映的是幼儿自我意识心理结构中的（　　）(2018 年幼儿园教师资格考试《保教知识与能力》真题) A. 自我认识　B. 自我体验　C. 自我评价　D. 自我监控	
(8) 培养幼儿自我意识应从哪些方面入手（　　）(2018 年幼儿园教师资格考试《保教知识与能力》真题) A. 对幼儿进行正确恰当的评价　B. 增加交往机会 C. 明确行为要求　D. 在专项活动中进行教育	
(9) 请判断以下表扬哪种是有效表扬（　　） A. 因为你一直不放弃，很努力地尝试，最后才能做成功 B. 你开始一直不努力，后来明明来帮助你，最后才能成功 C. 你看了三本书，可以挑选一个新玩具 D. 你画得特别好！	
(10) 下面评价自己的方式中，不能评价自己的方式是（　　） A. 在与别人的横向比较中认识自己　B. 不和外界交往，按照自己的想法行事 C. 从别人的评价中认识自己　D. 通过纵向的生活经历了解自己	

【课堂活动】

1. 我的自画像。

要求：请为自己画一幅自画像，风格不限，能代表自己即可。

2. 不一样的自画像。

要求：八位同学一组，拿出此页活页，每人选择一支彩色笔，颜色不重复。

绘画规则：

第一位同学在方框角落写下自己的名字后，将活页传给右手边的下一位同学；第二位同学在拿到的这张活页上画出该位同学的脸型，往右手边再传一位；依次往下，第三位画出眼睛；第四位画出眉毛；第五位画出鼻子；第六位画出嘴巴；第七位画出耳朵；第八位画出头发，并写出他/她的特点。

任务实施

任务工作单 5

组号：__________ 姓名：__________ 学号：__________ 班级：__________

1. 根据以下案例内容，分析并完成表格填写。

案例内容	分析幼儿自我意识表现	你会如何进一步支持幼儿的自我意识发展并拟定目标
案例一： 我叫笑笑，今年5岁了，妈妈说我是属兔的，他们都叫我“小兔子”。周末，爸爸会带我去吃肯德基，我喜欢吃薯条。我盼望过生日，因为妈妈说生日那天要送给我一个很大很大的布娃娃。我喜欢和明明一起玩，但不喜欢和芳芳一块玩，她老是爱哭。爸爸出差到北京，他说要给我买条新裙子回来。妈妈说我东西玩完了，自己也不去收拾，但我会自己洗小手帕了。		
案例二： 朵朵是一个聪明伶俐、活泼可爱的小女孩，在一次活动课上，老师请幼儿到黑板前利用磁性教具进行排序，由于老师没有向朵朵提问，她就一直在下面大声喊：“我会排、我会排……”当看到别人排错顺序时，她就会马上站起来大声说：“她排错了！我会排，老师为什么不喊我呢？”一脸得意的样子，并冲向黑板……		

2. 根据要求，完成案例分析。

我尊重孩子了吗？①

案例材料：

家长开放日快到了，我在活动前给自己定下了一个原则：要面向全体家长和学生，让家长看到我对每个孩子的关注。当天，在我的努力下，孩子们果然发挥良好。不过，也有例外，比如彤彤。彤彤是个比较安静的孩子，活动中她总会安静地倾听和思考，在环境熟悉且时间充裕时，她也会举手回答问题。但她胆子较小，有生人出现的场合更不愿意多讲

---

① 2020—2021年全国职业院校学前教育专业、教育技能赛项、材料分析真题。

话。那次家长开放日，她就一直缄默不语。但我发现，她在操作中非常细致、认真，操作结果也很好。她妈妈几次鼓励她到大家面前去展示。当展示活动开始时，我就对小朋友们说：“这次我来请没有举手的小朋友”，并邀请了不举手的彤彤。邀请时，我还不忘对全体小朋友说了为彤彤量身定制的第二句话：“彤彤虽然没有举手，但我看到彤彤做得很认真，我们就请彤彤来介绍吧。”彤彤妈妈很是高兴，推着彤彤上去展示。然而，彤彤却表现得很为难，扭捏了半天。最后，经不住妈妈的强烈要求，以及我的热切目光，彤彤终于上去展示和介绍了。但由于过分紧张，她的声音很小，语言表达也简短和凌乱，说完之后便逃也似的跑回了座位，与平时的沉着、有序相差甚远。尽管我和其他孩子、家长及时给予了她热烈的掌声，但我看到，在后面的活动中，彤彤一直没有抬头。见此情景，我不由得对我的做法有了疑惑：我的初衷当然是好的，但我尊重孩子了吗？为什么引导幼儿主动参与的策略反倒让幼儿不愉快呢？

请回答教师的疑问并予以分析。

（1）分析幼儿自我意识发展特点。

（2）分析教师处理方式。

（3）提供意见与建议。

任务评价

扫一扫二维码 2-2，完成对任务工作单 5 的评价。

二维码 2-2　对任务工作单 5 的评价

拓展与提升

人人皆可成才，人人尽展其才。党的二十大强调，首先要把握好习近平新时代中国特色社会主义思想的世界观和方法论，坚持好，运用好贯穿其中的立场观点方法。“六个必须坚持”（必须坚持人民至上、必须坚持自信自立、必须坚持守正创新、必须坚持问题导向、必须坚持系统观念、必须坚持胸怀天下）是习近平新时代中国特色社会主义思想立场观点方法的重要体现，我们要运用习近平新时代中国特色社会主义思想立场观点方法，学会从自我评价和他人评价中，全面客观地认识自我，在此基础上学会接纳自我和完善自我，明确正确认识自我对于专业学习和职业发展的重要性。

任务2 幼儿自我意识培养途径

一、任务描述

每个孩子都是独一无二的。孩子们升到中班了，已经知道自己是集体中的一员，也对自己有一定的认识和了解。陈老师发现，孩子们开始关注自己和同伴的身高，经常互相比一比，谁更高。他们会很好奇自己和别人哪里一样、哪里不一样。

陈老师发现幼儿对“我”的事情感兴趣后，询问班级幼儿：“你觉得自己和别人有什么不一样呢?”陈老师在对幼儿的回答进行梳理后发现，他们对身体、性格、兴趣爱好、姓名都能充分地了解和区分。

《指南》社会领域目标是“具有自尊、自信、自主的表现”，结合幼儿的典型表现，针对中班的孩子设计一个有关幼儿自我意识的主题活动，并收集活动资料。

二、学习目标

1. 知识目标

了解幼儿自我意识评价指标。

2. 能力目标

（1）能收集和整理自我意识的有关绘本。

（2）能结合自我意识内容，设计主题活动。

3. 素养素质目标

（1）具有正确的儿童观，选择不同途径支持幼儿的发展。

（2）尝试在幼儿园对幼儿进行观察，分析幼儿自我意识发展。

三、相关知识链接

（一）促进幼儿自我意识发展的途径与方法（二维码 2-3）

1. 开展专门的教育活动

（1）帮助幼儿认识自我、了解自我，学会自我评价。

围绕着幼儿自我认识的培养，可以设计活动“小小的我”“你我不一样”“独一无二的我”，以及“我长大了”“特别的我”“男孩女孩”等活动，其目的在于让幼儿了解自己，了解自己的成长过程，并在成长的过程中逐步建构正确的自我概念。

（2）在评价自我的基础上，学习正确评价他人。

为了让别人了解幼儿的闪光点，教师可以设计“他的专长”等活动，让孩子们互相说一说每个人有什么优点和专长；设计“他画像”活动，让小朋友们在宽松、和谐的氛围中学习尊重别人，同时也感受别人对自己的尊重；设计“看看谁能干”的活动，可以让孩子们带来自己做家务的照片、录像等，互相观看、讲解、讨论，评一评谁能干。

（3）让幼儿展示自己，尝试自我体验。

围绕着幼儿体验的培养，可以开展“说说我自己”“才艺展示SHOW”“露一手”“爱好大交流”“我的优点和缺点”等活动，让幼儿在活动中了解自己的特征、兴趣爱好、能力等，促进幼儿自尊自信的形成。

（4）让幼儿感受自己长大了，培养自主能力。

围绕着幼儿自我控制的培养，可以设计活动“我会……”“长大的我”“能干的我”“坚持就会成功”等，让幼儿在活动中展示自己、锻炼控制力、获得持久力、培养自主能力等，促进幼儿自主能力的形成。

2. 借助故事、儿歌

为避免说教带来的逆反心理，教师借助听故事、说儿歌等形式，通过移情训练法，让幼儿学会分辨好与坏、对与错，树立正确的观念。

教师可以选择有教育价值的绘本，也可以创编故事、儿歌，并结合看图讲述、幻灯片演示、视频录像、情景表演、角色游戏等多种形式讲述故事，吸引并引导幼儿逐渐正确认识自我，明白是非观念，累积社会经验，愿意主动调节和控制自己的言行。

有时给幼儿讲道理，直接生硬提要求，不如告诉他们别人是如何做的、获得了什么样的结果，并询问他们对此的评价。故事、儿歌等就是借助别人的做法让幼儿有一个直观的感受。

3. 在一日生活中创造实践和锻炼的机会

幼儿园的日常生活包括盥洗、进餐、喝水、午睡等环节，这些看起来很琐碎的事情，在幼儿的生活中占据相当多的时间，所以要抓住日常生活中的每一个教育契机。

（1）给予幼儿实践和锻炼的机会。

教师“管住手，管住嘴，睁开眼”，给予幼儿实践和锻炼的机会，让幼儿做力所能及的事，培养幼儿的生活自理能力。“睁开眼”即要观察幼儿的需要，关注幼儿的发展，给予进一步的支持。维果斯基的“鹰架学习”提出，为幼儿提供教学，并将之逐步转化为提供外部支持。教师要锻炼自己发现和捕捉儿童准备向学习跨出一步的微妙时刻，并适时给予鹰架的能力。如“大带小”“今天我值日”“我是升旗手”等实践活动能够大大提高幼儿参与活动的主动性，有助于幼儿体验成功感和自豪感，培养幼儿的责任感。

在一日生活中，各个环节都可以用来促进幼儿形成正确的自我概念，提高幼儿自我评价的能力。例如，在活动后，教师可以组织幼儿评价自己的作品或行为表现，以口头或是评价表的形式进行自评。

（2）给予幼儿表现的机会，增强自信心。

教师可以经常组织幼儿谈一谈他们的经历和当时的心理感受，评价实践中自己及他人的表现，或是对身边的实例进行讨论，或是展示自己的优点、长处。这能使能力弱的幼儿得到展示和表现的机会，让能力强的幼儿意识到自己的不足，促使幼儿克服自卑或自满的心理。无论幼儿进步或退步，都可以通过各种具体活动让幼儿反思，让幼儿在自评与互评中认识自我、完善自我，调节自身的行为，从而获得良性循环，提高幼儿的自我控制能力。

（3）开展游戏活动。

游戏活动是促进幼儿自我意识发展的有效途径。幼儿按照自己的意愿选择游戏，自主选择游戏伙伴，自由确定游戏主题，并构思游戏内容，这一过程有利于培养幼儿的自主性、独立性，激发幼儿形成良好的自我意识。

（4）充分利用环境资源，帮助幼儿认识自己、了解自己。

一是营造良好的学习氛围。幼儿需要在平等、尊重、信任的环境中生活和成长，教师要给幼儿营造一个轻松、和谐的氛围。对于那些缺乏自信心、胆小畏缩、缺乏上进心的孩子，教师要给予他们多一些爱护和关心。一个眼神、一个拥抱、一个微笑都可以给予他们鼓励。教师还应利用各种活动后的谈话，引导幼儿认识自己、评价自己。教师在一日生活中注意时时用鼓励的、积极的语言来评价幼儿，让他们对自己有更好的认识。

二是有效利用主题墙、区域环境。通过环境创设，如身高墙、照片墙、优点收集袋等，让幼儿看到自己的成长和变化，学会正确地评价自己、了解自己。

4. 家园共育、社区联动，帮助幼儿形成良好的自我意识

一个经常得到父母积极评价的幼儿，往往会对自己产生一种积极的看法，能比较有信心地面对各种问题，敢于面对失败。家长的支持与配合对幼儿自我意识的培养具有十分重要的作用。

（1）帮助家长树立正确的育儿观。

通过讲座、亲子手册、线上交流等方式，让家长更多地了解幼儿心理发展的特征，认识幼儿自我意识培养的重要性，促进家长形成正确的育儿观、儿童观。

（2）帮助家长全面地了解幼儿。

幼儿在家里和幼儿园表现不一致，如幼儿往往在家里会表现得更加娇气、自我。教师应经常和家长进行交流，通过面谈、观摩活动、家访、家园联系手册等形式使教师和家长全面地了解幼儿在幼儿园、家里的表现，家园共同配合进行教育。

（3）指导家长正确地评价幼儿。

幼儿常常模仿成人的语气去评价自我和他人，许多幼儿说不出自己的优点和缺点，只是简单地重复成人对自己的评价。例如，“我很乖”“我很听话”等。家长要多发现幼儿优点，给予更多的具体评价，帮助幼儿正确地认识和评价自己。

扫一扫

二维码 2-3　幼儿自我意识培养途径

（二）自我意识教育活动设计与组织的一般要求

（1）注重激发幼儿的内在动力，发挥幼儿的自主性。

（2）给予幼儿充分的尊重、鼓励和信任。

（3）营造宽松、自由、关爱和接纳的班级环境氛围，避免单一呆板说教、灌输。

（三）自我意识教育活动设计与组织的基本模式

（1）运用多种方式引出活动主题，即导入。引导幼儿集中注意力，让幼儿带着兴趣参加活动，帮助幼儿参与到活动中去。

（2）引导幼儿正确认识自我。运用各种教学方法使幼儿了解自我，形成对自我的正确认识。

（3）组织幼儿表现自我。引导幼儿把对自我的认识用语言、行为等方式表现出来，以便了解幼儿对自我认识的情况。

（4）强化幼儿形成对自我的正确认识，用正确的方法表现自我。

通过幼儿自我的表现，了解幼儿认识自我的情况，肯定优点，改善不足，最终总结出合适的认识自我及表达自我的方法。

四、知识准备

1. 幼儿自我意识培养途径有哪些？

2. 如何在家庭中发展幼儿的自我意识？

3. 陈老师为了开展有关幼儿自我意识的主题活动，设计了一个“幼儿社会性发展评价表”，请分析每个观察内容关注了幼儿自我意识的哪个方面。

__________班幼儿社会性发展评价表

幼儿姓名（化名）： 班级：

自我意识的内容	等级标准		
	一级	二级	三级
	知道自己的姓名、性别、年龄	知道自己的爱好	知道自己的优缺点
	完成简单事情或任务时有信心	有信心完成稍有难度的任务	有信心完成没有做过或有较大难度的任务
	在教师的鼓励和要求下能独立做事	自己能做的事不请求帮助	喜欢独立做事和独立思考问题
	能有始有终地完成一件事	能在一段时间内持续完成稍有难度的任务	经常能在较长时间内主动克服困难，实现活动目标
	在感兴趣的活动中能努力做好	在竞赛情境及与他人同时进行的活动中能努力争取好成绩	做任何事都争取好结果

任务实施

任务工作单 6

组号：__________ 姓名：__________ 学号：__________ 班级：__________

1. 结合《指南》，根据前文任务描述信息和以下主题解读说明，请针对中班的孩子进行一个有关幼儿自我意识的主题活动，设计主题目标、主题网。

年龄班：中班

主题名称	独特的我
主题解读	我是谁？我是一个什么样的人？我很棒！我会变的……小朋友们升入中班了，新的一切，让孩子们感到新鲜、好奇。对幼儿来说，发现自己的变化，知道自己的成长，不仅有助于幼儿关注自我，增强自我意识，而且能让幼儿更好地认识自己和周围的人。 本主题围绕自我认识、自我体验、自我调节三个方面的内容，引导幼儿在看看、说说、做做等活动中了解“自我”和“他人”，帮助幼儿学会与同伴交往的正确方式，体会自我服务和为他人服务的乐趣，体验成长的快乐。幼儿在感受和表达自我的过程中，不仅社会交往的愿望得到满足，而且社会交往的能力得到提升。
主题目标	
主题网	

2. 结合设计的主题目标、主题网，收集和整理信息，填写主题活动列表。

注：主题模块为主题网二级标题；活动类型（活动途径）有集体教学活动、区域活动、亲子活动、生活活动、游戏活动等。

主题活动列表

主题模块	活动类型	活动名称	对应主题目标

任务评价

扫一扫二维码 2-4，完成对任务工作单 6 的评价。

扫一扫

二维码 2-4 任务工作单 6 的评价

拓展与提升

1. 请利用学校图书馆或网络，收集绘本，思考：此绘本涉及幼儿自我意识哪个方面的内容？（至少 5 本）并填入下列表格中。（可参考二维码 2-5 填写表格）

绘本名称	涉及幼儿自我意识的内容

选择上述收集的绘本中的 1 本，设计绘本介绍展板（面向幼儿园教师、家长、幼儿），将实物带到课堂进行展示，并拍照粘贴在此表格中

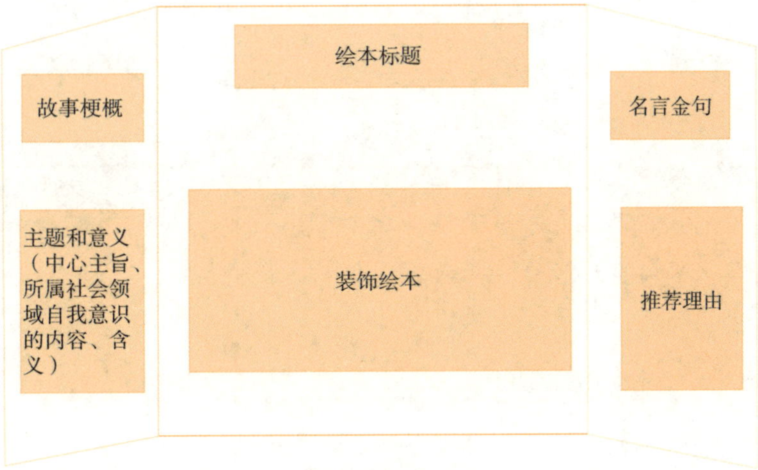

扫一扫

二维码 2-5 绘本展板制作案例

2. 请尝试在实习或见习期间，到幼儿园，针对某一名幼儿进行观察和评价，并提出教育建议。

__________班幼儿社会性发展评价表

幼儿姓名（化名）： 班级：

等级标准		
一级	二级	三级
知道自己的姓名、性别、年龄	知道自己的爱好	知道自己的优缺点
完成简单事情或任务时有信心	有信心完成稍有难度的任务	有信心完成没有做过或有较大难度的任务
在教师的鼓励和要求下能独立做事	自己能做的事不请求帮助	喜欢独立做事和独立思考问题
能有始有终地完成一件事	能在一段时间内持续完成稍有难度的任务	经常能在较长时间内主动克服困难，实现活动目标
在感兴趣的活动中能努力做好	在竞赛情境及与他人同时进行的活动中努力争取好成绩	做任何事都争取好结果
教师评价及建议 教师签名： 日期：		

项目二 幼儿自我意识培养

任务1 幼儿自我认识的培养

一、任务描述

丁丁和敏敏是班上的一对好朋友。早上，敏敏穿了一条漂亮的新裙子。“敏敏今天真是又可爱又漂亮呀!”老师赞美道。“谢谢老师，这是妈妈给我买的新裙子，好看吗?”敏敏有礼貌地问。“好漂亮呢!”老师伸手摸了摸敏敏的头。站在旁边的丁丁听到老师与敏敏的对话，早已经满脸不高兴了，撅着嘴巴走过来，一把推开敏敏，拉着老师的衣服说：“老师，她的裙子一点都不漂亮，我觉得我的裙子比她的漂亮多了!”整个早上，丁丁都因为没有得到老师的赞美而拒绝和敏敏一起玩耍。

你觉得丁丁为什么会这样呢？怎么才能让班上的小朋友正确地认识自己、了解自己、评价自己呢？

二、学习目标

1. 知识目标

(1) 掌握自我认识的内容。

(2) 掌握幼儿自我评价的特点。

(3) 了解幼儿自我认识的活动途径。

2. 能力目标

(1) 能分析幼儿自我认识的发展特点。

(2) 能设计与幼儿自我认识有关的活动。

3. 素养素质目标

(1) 客观了解自我、了解他人。

(2) 愿意在群体中大方展示自己、介绍自己。

三、相关知识链接

（一）幼儿自我认识的概念及教育目标

自我认识是主体对客体我的认知与评价，主要包括个体的自我概念和自我评价。自我概念是指对自己身心特征的认识，而自我评价是在自我概念的基础上对自己做出的某种判断。

1. 幼儿自我概念的内容

幼儿自我概念简单来说就是让幼儿认识自己的五官、身高、体重、形态等生理状况，性格、爱好、能力、气质等心理特征，以及自己与他人或周围事物的关系。幼儿主要在人际交往中获得自我概念，因而社会交往的顺利与否对幼儿自我概念的构建具有深远的影响。在人际交往中，只有通过人际信息、观念的交流，个体才能获得丰富、可靠的信息，并将这些协调起来，构成统一、协调的自我概念。

《纲要》中提出：

小班：初步了解自己身体主要部分的基本特征和功能，初步学会自我保护。

中班：初步了解自己与他人的不同和了解自己与他人的情绪，学会同情和关心别人。

大班：初步了解他人为自己的成长付出的劳动，激发幼儿爱父母、爱师长，即爱长辈的情感。

2. 幼儿自我评价

（1）从轻信成人的评价到自己独立评价：

学前初期，幼儿对自己或别人的评价往往只是成人评价的简单再现，而且对成人的评价有一种不加考虑的轻信态度。例如，他们评价自己是（或不是）好孩子，常常是因为“老师说我是（或不是）好孩子”。到学前后期，幼儿开始出现独立评价。逐渐对成人的评价持批评的态度。如果成人对幼儿的评价不客观、不正确，幼儿往往会提出疑问、申辩，甚至表示反感。

（2）从对外部行为的评价到对内心品质的评价：

学前初期，幼儿一般只能评价一些外部的行为表现，还不能评价自己的内心状态和道德品质等；到学前后期，幼儿才渐渐从内心状态和道德品质方面来评价自己。例如，成人问幼儿“为什么说你是好孩子”时，4 岁幼儿可能会回答因为“我不打架”或“我不抢玩具”；而 6 岁幼儿则可以说出一些比较抽象、内在的品质特点，如“我听话，遵守纪律”或“我会谦让，对小朋友友好”。

（3）从比较笼统的评价到比较具体、细致的评价：

学前初期，幼儿对自己的评价是比较简单、笼统的，往往只根据一两个方面或局部进行自我评价，如小班幼儿会说“我会唱歌”“我会画画”；到学前后期，幼儿的评价就比较细致、全面，如大班幼儿会指出“我会唱歌，也会跳舞，可是画画不好”。

幼儿的自我意识是随着年龄增长而发展的，具有阶段性特点。必须提出的是，在整个学前期，包括学前后期，幼儿对自己的评价能力还是比较差的，成人对幼儿的评价对幼儿个性发展有着重大的影响。因此，成人对幼儿的评价必须适当、客观、公正，对幼儿任何过高、过低或不恰当的评价都是有害的。

（二）幼儿自我认识教育活动

幼儿园可以通过一系列活动让幼儿认识自己。主要包括以下几个方面：

（1）认识自己的生理状况，如身高、体重和相貌等；

（2）认识自己的心理特征，如兴趣爱好、能力、性格等；

（3）认识物品所属；

（4）认识自己与他人的关系，如认识自己与家人的关系、与老师或幼儿园工作人员的关系、与同伴的关系，认识自己在集体中的位置与作用，等等。

（三）幼儿自我认识案例分析

1. 案例描述

区域活动时，阳阳想和媛媛一起拼拼图。媛媛不愿意，她说："你什么都不会，我才不愿意和你一起玩呢！"说完，还冲着阳阳瞪眼。阳阳委屈得快哭了。强强走过来拉着阳阳的手说："媛媛，你这样说别人是不礼貌的，老师说了每一个孩子都有优点，阳阳吃饭就比你棒！而且他还经常帮阿姨扫地，我愿意和他做朋友！"说完，就拉着阳阳走了。媛媛站在拼图旁边愣住了。

2. 案例分析

大班幼儿的自我意识有了明显的发展，他们的自我评价从依从性评价向独立性评价发展，他们不再轻信成人的评价。但总的来说，大班幼儿自我评价的能力还比较差，成人的态度对其自我评价仍有着重大影响。在日常生活中，教师对学前儿童的评价必须适当、客观、公正，要帮助学前儿童学会正确地评价他人，并帮助过分自信的学前儿童摆脱以自我为中心的态度，使他们发现他人的优点，并虚心向他人学习。

（四）幼儿自我认识的教育指导策略①

1. 让幼儿在观察中了解自我

让幼儿在观察中了解自我，是指让幼儿通过观察学习而获得相关认知的方法。观察法是幼儿了解自我、认识自我最主要的方法。观察的对象一般是自己或他人的外貌特征或行为表现。观察可以通过照片、图片、视频等，也可以是具体的人或行为。但在运用观察法时，教师要根据幼儿的自我发展水平和特点来设计，提供容易引起幼儿关注的行为，同时教师要给幼儿提供思考和记忆的机会。（二维码 2-6）

扫一扫

二维码 2-6　中班活动设计"男孩和女孩"②

① 裘指挥. 幼儿社会教育与活动指导［M］. 北京：高等教育出版社，2014.

② 张明红. 学前儿童社会学习与发展核心经验［M］. 南京：南京师范大学出版社，2018.

2. 让幼儿在比较中了解自我

让幼儿在比较中了解自我，是幼儿园进行自我教育的常用方法。这里的比较是指幼儿与幼儿之间进行比较。幼儿有了比较观察，才会发现自己的与众不同，自己在哪些方面有不足，在哪些方面比别人做得更好，从而更好地完善自己。但在运用比较法时，教师要注意为幼儿选择合适的比较对象，同时又要从幼儿的实际出发，不能拿幼儿的某些无法改变的缺陷跟正常的幼儿进行比较，否则会适得其反，让幼儿产生自卑心理。（二维码 2-7）

扫一扫

二维码 2-7　中班活动设计“我长大了”①

3. 让幼儿在评价中了解自我

让幼儿在评价中了解自我，是指让幼儿自己评价自己或是幼儿之间进行评价。幼儿对自己的评价一般要高于别人对自己的评价，但他人的评价往往要比自己的评价更客观些。如果自己的评价同别人对自己的评价很接近，说明幼儿自我认识水平较高；如果两者相差较大，就说明幼儿在自我认识方面存在偏颇，这时教师需要有效引导幼儿调整自己。（二维码 2-8）

扫一扫

二维码 2-8　中班活动设计“我很棒！”②

4. 让幼儿在体验中了解自我

让幼儿在体验中了解自我，就是让幼儿亲自去经历、去感受，在体验中加深对自己的认识，增长知识，从而有所感悟，达到受教育和自我教育的效果。例如，有的教师为了让幼儿了解自己鼻子的功能，让幼儿闻香水，使幼儿在亲身体验中感受到鼻子具有嗅的功能；有的教师为了让幼儿感受到自己长大了，让幼儿试穿他们小时候的衣服，在穿的过程中，幼儿发现衣服和裤子都短了，他们长高了；等等。幼儿就在这种体验中了解自己，感受自己的变化。（二维码 2-9）

扫一扫

二维码 2-9　中班活动设计“我喜欢自己”③

---

① 王晓戎．学前儿童社会教育［M］．芜湖：安徽师范大学出版社，2017．

② 本案例由贵州省息烽县西山镇中心幼儿园兰万娟撰写。

③ 本案例由贵州省贵阳市花溪区第四幼儿园王娟娟、贵阳市教育科学研究所王艳撰写。

（五）幼儿自我认识教育的实施建议

1. 帮助幼儿不断加深对自己的了解，促进自我认知的发展

教师可以利用各种教育手段和途径，让幼儿加深对自己的了解。例如，教师可以收集幼儿从小到大的一些照片进行展示，并让幼儿向大家讲述自己小时候的趣事；可以组织幼儿观看婴儿出生的录像，让幼儿了解自己是怎么出生的；可以开展“我喜欢什么”“我会做……”“我的进步”“我的优点和不足”等一系列活动，使幼儿认识到自己的独特性，感觉到自己是一个独特的、与众不同的人，帮助幼儿发现自己的优势，从心理上喜欢自己，欣赏自己；还可以通过开展“我的本领大”“我是有用的”等一系列主题活动，让幼儿感觉到自己是有价值、受别人欢迎的人，感觉到自己的存在对父母、教师和同伴都很重要。

2. 创设一个能使幼儿感受到接纳、关爱和支持的良好环境

创设一个能使幼儿感受到接纳、关爱和支持的良好环境，可以使幼儿在满足安全等基本需求的基础上，寻求自尊等需要的满足。一是要营造民主和睦的家庭环境和氛围；二是要创设良好的幼儿园物理和心理环境。

3. 重视评价的作用

- 以积极鼓励的正面评价为主；
- 引导幼儿进行正确的自我评价；
- 对幼儿评价要全面、恰当；
- 在日常生活中多给幼儿提供自我评价的机会。

（六）幼儿自我认识的评价指标

1. 幼儿自我认识的目标、教育内容和要求（表 2-3）

表 2-3 不同年龄段幼儿自我认识表

年龄	项目	具体内容
3~4 岁	目标	认识自己，知道自己的姓名、年龄、性别；知道自己与别人的不同；知道自己与家庭成员的关系
	教育内容和要求	认识自己身体的主要部位及其基本特征和主要功能，能说出自己的姓名、年龄和性别，意识到自己与别人的不同；知道和自己一起生活的家庭成员与自己的关系，体会到自己是家庭中的一员
4~5 岁	目标	认识自己与别人的不同；初步学会简单地评价自己和他人的行为
	教育内容和要求	意识到自己与别人有不同的兴趣爱好和想法，能够大胆地用语言表达自己的想法和感受；学会客观评价自己和他人，知道每个人都有优点和缺点，应该互相学习
5~6 岁	目标	能比较全面地认识自己的优缺点，勇于承认自己的缺点，并能努力去改变；学会评价自己和他人的行为
	教育内容和要求	认识自己的能力和特长，勇于承认自己的缺点，能努力去改变；学会评价自己和他人的行为，能分辨某些行为的对与错，做错事能承认，并愿意改正

2. 幼儿自我概念评价

对幼儿自我概念的评价主要从初步自我认识、自我评价、独立性三个方面进行评估，教师可以采用幼儿自我概念检核表（表 2-4）对幼儿的日常行为进行观察和评价。

表 2-4　幼儿自我概念检核表

幼儿姓名：________	年龄：______岁______月	性别：______		
评价指标		是	否	日期
幼儿的自我认识能力	认识自己的名字、年龄、生日			
	认识自己的运动能力、交往能力			
	清楚认识到自己的生理特征及性别特征			
幼儿对自我能力的估计	过高估计自己的能力			
	开始正确认识自己的能力			
	对自己的能力有比较正确的估计			
幼儿开始展现独立性	在活动中虽然表现出独立性，但并不能独立完成			
	能独立开展活动，在教师鼓励下可基本完成			
	主动寻求帮助并积极参与活动			

（八）幼儿自我认识培养微课（二维码 2-10）

扫一扫

二维码 2-10　幼儿自我认识培养（微课）

四、知识准备

【课前预习】

1. 自我认识的概念。

2. 自我认识包含____________________和____________________。

3. 下列选项中，不符合幼儿自我评价特点的是（　　）。（2021 年幼儿园教师资格考试《保教知识与能力》真题）

A. 依从性　　B. 表面性　　C. 主观情绪性　　D. 全面性

4. “我跑得快”“我是一个能干的孩子”“我会讲故事”“我是个男孩子”。这样的语言描述主要反映了幼儿哪方面的发展？（ ）（2021 年幼儿园教师资格考试《保教知识与能力》真题）

A. 自我概念 B. 形象思维 C. 性别认同 D. 道德判断

5. 简述幼儿自我评价的发展特点。（2018 年幼儿园教师资格考试《保教知识与能力》真题）

6. 案例分析题：

明明今年 3 岁多了，她是个很聪明的小女孩，平时老师问她什么问题，她都能答出来。有一次，老师问明明：“你觉得自己聪明吗？”明明回答说：“聪明！”老师又接着问：“那你为什么说自己聪明呢？”“妈妈说我聪明！”明明很自豪地回答。

思考：上述案例中，明明对自己的评价，反映了幼儿自我评价的哪些发展特点？

7. 材料分析题：

下周一要开展手工活动，张老师要求家长给幼儿园准备废旧材料。周一那天，只有苗苗没有带材料来，张老师就不让她参加活动。苗苗站在一旁，看着同伴做手工，情绪很低落，一天都很少说话。回家后，苗苗冲爸爸大发脾气……（2013 年幼儿园教师资格考试《保教知识与能力》真题）

问题：

（1）你认为张老师做法适宜吗？为什么？（建议结合幼儿期自我评价的特点来说明原因）

（2）你觉得张老师应该怎么做？

8. 梳理《指南》中，有关自我认识的内容。

3~4 岁	
4~5 岁	
5~6 岁	

9. 举例说明如何让幼儿在评价中了解自我。

10. 举例说明如何让幼儿在体验中了解自我。

【课堂活动】

1. 揭示自我。

从身边寻找一件能在某种程度上代表自己的物品，与组内同学分享这件物品及其背后的故事。

物品：______________________________

背后的故事：______________________________

____

____

____

____

____

____

____

____

2. 超能力。

如果能获得超能力，你希望自己是什么样子的？能飞、能隐身、力大无比？……

请与组内的同学分享你想获得的超能力及其原因。

你想获得的超能力：______________________________

原因：______________________________

____

____

____

____

____

____

____

____

____

3. 两真一假。

（1）请写出关于自己的三件事情（两真一假）。尽量写出那些无人知晓或令人吃惊的事。在小组中，每位成员轮流发言，介绍自己的三件事，小组其他成员猜测真假。

自己的三件事	
第一件事（真/假）	
第二件事（真/假）	
第三件事（真/假）	

（2）记录你听到的别人分享的让你吃惊的真事。

别人的三件真事	
第一件事	
第二件事	
第三件事	

任务实施

任务工作单 7

组号：__________ 姓名：__________ 学号：__________ 班级：__________

丁丁和敏敏是班上的一对好朋友。早上，敏敏穿了一条漂亮的新裙子。“敏敏今天真是又可爱又漂亮呀！”老师赞美道。“谢谢老师，这是妈妈给我买的新裙子，好看吗？”敏敏有礼貌地问。“好漂亮呢！”老师伸手摸了摸敏敏的头。站在旁边的丁丁听到老师与敏敏的对话，早已经满脸不高兴了，撅着嘴巴走过来，一把推开敏敏，拉着老师的衣服说：“老师，她的裙子一点都不漂亮，我觉得我的裙子比她的漂亮多了！”整个早上，丁丁都因为没有得到老师的赞美而拒绝和敏敏一起玩耍。

1. 你觉得丁丁为什么会这样呢？

2. 丁丁在自我认识方面有什么特点？

3. 怎么才能让幼儿正确地认识自己，了解自己，评价自己呢？请结合下列主题目标，制作主题网络图。

主题名称：认识自己（中班）

主题目标：

（1）认识自己与别人的不同。

（2）初步学会简单地评价自己和他人的行为。

（3）愿意表达自己的观点。

4. 在幼儿园一日生活、家园共育方面，你会如何引导丁丁发展良好的自我认识。

一日生活	
家园共育	

5. 根据主题网，运用所学知识，制定适宜的教育目标，撰写一篇有关幼儿自我认识的社会领域集体教学活动教案。

6. 利用微格教室或校内实训室，根据所撰写有关幼儿自我认识的社会领域集体教学活动教案，进行试教。

任务评价

扫一扫二维码 2-11，完成对任务工作单 7 的评价。

二维码 2-11　对任务工作单 7 的评价

拓展与提升

利用实习或见习期，观察一名幼儿自我概念的发展水平。尝试对幼儿的自我概念发展情况提出教育建议。

________幼儿自我概念检核表				
幼儿姓名：________ 年龄：______岁______月 性别：______				
评价指标		是	否	日期
幼儿的自我认识能力	认识自己的名字、年龄、生日			
	认识自己的运动能力、交往能力			
	清楚认识到自己的生理特征及性别特征			
幼儿自我能力的估计	过高估计自己的能力			
	开始正确认识自己的能力			
	对自己的能力有比较正确的估计			
幼儿开始展现独立性	在活动中虽然表现出独立性，但并不能独立完成			
	独立开展活动，在教师鼓励下可以基本完成			
	主动寻求帮助并积极参与活动			

教育建议：

任务2　幼儿自尊自信的培养

一、任务描述

丁丁入园后，教师通过半年的观察与了解，发现丁丁在参与活动中总有退缩行为和畏惧心理，最明显的特征是自信心不足。与家长沟通后了解到，丁丁一直由妈妈抚养，由于家庭琐事太多，妈妈很少与孩子交流，对孩子的重视程度不够，忽视了孩子的行为反应，使孩子的情绪状态、情绪反应得不到适当关注，产生了否定自我的倾向，行为消极，以至于自信心不足。

作为丁丁的老师，请展开相应的活动帮助丁丁建立自信心。

二、学习目标

1. **知识目标**

（1）掌握自我体验的内容。

（2）了解幼儿自我体验的发展特点。

（3）了解幼儿自我体验的活动途径。

2. **能力目标**

（1）能分析幼儿自我体验发展特点。

（2）能设计幼儿自我体验的活动。

3. **素养素质目标**

（1）对自己有自信。

（2）愿意对身边的人给予鼓励和支持。

三、相关知识链接

（一）自我体验相关概念

1. 自我体验

自我体验是自我意识中的情感成分，是伴随自我认识而产生的情感体验。自我体验的内容十分丰富，比如自尊心和自信心、成功感与失败感、自豪感与羞耻感，这些都是自我体验的产物。

2. 自信

自信是指个体信任自己，对自己所知和所能具有信心，对自己所做的事或所下的判断不存在怀疑。自信是自我概念的一部分，源自对自己的判定，源于一个人对接受或否定期望的判定，是以正确地估计主客观条件为基础而产生的一种对自己能力的认识和体验的结合体。

3. 自尊

自尊是个体对自身的感受，是个体对自己有价值感、重要感，因而接纳自己，喜欢自己。自尊是个体对自己的一种态度，自尊感强表示肯定自己、信任自己、尊重自己；自尊感弱表示否定自己、轻视自己、不尊重自己。一般来说，自尊感强的人具有较强的自信心，自尊感弱的人容易产生自卑感。

综上所述，自信和自尊关系密切，自尊感强的孩子会拥有较强的自信，因为他们可以更多地体验到自己是有能力的，能够自己的事情自己做，想做的事情能做到，自己是有价值的。受别人的肯定和认可，便会使个体产生对自己的积极情绪体验。

（二）幼儿自尊自信的表现

1. 独立活动

2~3 岁儿童的自尊感表现为儿童以要求独立的形式积极进行各种活动。例如，“我要”“我想”“我可以”“让我来”“我自己来”等。幼儿试图通过自己决定各种活动，来表现自己的独立，通过这些活动来满足自己，表现自己。

2. 自我中心

4~6 岁儿童的自尊明显表现为以自我为中心的思维方式。儿童往往想向外界展示自己，让外界欣赏自己，大部分话题都是围绕自己，想获得别人的赞扬。如：“你看我搭的积木多棒！”“你看我画的好不好？”“我好厉害！”

3. “我是能干的”

3 岁的儿童通常觉得自己很能干，也带着“我是能干的”的感觉来到幼儿园，他们对自己有能力做熟悉的事情感到自信。

（三）幼儿自我体验的发展特点

自我体验是伴随自我认识产生的内心体验，是自我意识在情感上的表现。在自我体验中，学前儿童的自尊发展主要具有以下发展特点。

（1）自尊在 3 岁左右出现，在整个学前期都呈现出不断发展的趋势。3~6 岁学前儿童自尊总体水平随年龄而增长。4 岁幼儿处于自我体验和情绪发展的关键期，4 岁也是自尊发展的重要年龄。幼儿自尊水平在 4 岁达到峰值，之后开始慢慢下降，这种情况会持续到 7 岁左右。但是随着年龄增长，幼儿的抽象逻辑思维能力开始萌芽，角色采择能力、合作能力、道德感和责任感都在渐渐发展，幼儿不再盲目相信自己的能力，而是会采用比较客观的态度来判断自己的自我价值。

（2）幼儿自尊水平发展有显著的性别差异，许多研究都显示女孩的自尊发展水平优于男孩。

（3）幼儿自尊水平不稳定，当遭遇挫折后，会很容易对自我价值做出负面的判断，形成与自尊相对的挫败感。

（四）培养幼儿自尊自信的教育指导策略

在教学活动中，教师要开展多种多样的自我体验活动，促进幼儿自我体验的发展，开展培养积极情感体验的活动，比如“我今天的心情”；开展培养幼儿自信心、自尊心的活动，如“我最棒”“夸夸我自己”等；开展培养幼儿成就感、自豪感的活动，如“我是妈妈的小帮手”“我自己来”等。具体而言，要遵从以下七条教育指导策略。（二维码 2-12）

（1）关注幼儿的感受，保护其自尊心和自信心。

（2）鼓励幼儿自主决定、独立做事，增强自尊心和自信心。

（3）给予幼儿积极的评价。

（4）帮助幼儿获得成功的体验。

（5）信任和尊重幼儿。

（6）引导幼儿知道自己的独特性。

（7）及时纠正幼儿自尊心发展的不良倾向。

扫一扫

二维码 2-12　幼儿自尊自信培养（微课）

（五）幼儿自我体验目标和具体教育内容（表 2-5）

表 2-5　不同年龄段幼儿自我体验表

年龄	项目	具体内容
3~4 岁	目标	了解自己的情绪，初步感知成人对自己的关爱；能用语言表达自己的需求和情感；具有初步的自信心
	教育内容和要求	能感受到父母对自己的关爱，懂得感恩；了解自己的情绪反应；能在集体面前大胆讲话，既不害羞，又能表达清楚；感受自己独立做事的快乐与满足，体验自尊和自信
4~5 岁	目标	初步具有自尊心和责任感；有同情心，愿意为有需要的人提供帮助
	教育内容和要求	愿意承担教师安排的任务，初步形成责任感；对自己有认同感，有一定的自尊心和自信心；留意、关注自己和别人的情绪，能主动关心和安慰别人，有同情心
5~6 岁	目标	具有一定的自尊心和自信心；具有较强的责任感
	教育内容和要求	能努力实现自己的想法、愿望和活动计划，体验成功的快乐，有成就感；敢于在大家面前表现自己，有自信心；面对挫折不气馁，努力寻求改变；做了好事或取得成功后，还想做得更好；明确自己的任务，做事认真，有始有终，有责任感

（六）幼儿自尊心观察评价（表 2-6）

表 2-6　幼儿自尊心观察评价指标表

观察评价指标	幼儿表现	评价
介绍自己的作品		
寻求别人的注意和肯定评价		
受到表扬时表现出兴奋、自豪或害羞、不好意思		
受到批评时表现得不高兴、不好意思或不服气、辩解		
受到小朋友的不公平对待或故意攻击		
被老师忽视或不理解		

（七）自我体验活动案例（二维码 2-13、2-14、2-15）

扫一扫

二维码 2-13　图书《窗边的小豆豆》中的典型案例

扫一扫

二维码 2-14　大班社会活动设计“失败不可怕”①

扫一扫

二维码 2-15　中班社会活动设计“输了也不哭”②

四、知识准备

【课前预习】

1. 自我体验的概念。

2. 自我体验包含＿＿＿＿＿＿＿＿和＿＿＿＿＿＿＿。

3. 中班幼儿正在做手工，佳佳尿裤子了。刘老师发现后，对嘲笑佳佳的幼儿说：“佳佳可能做手工太认真，忘记上厕所了，以后我们要学习她认真做事的态度。当然，我们在认真做事时记得上厕所，那就更好了。”刘老师的做法（　　）。（2019 年幼儿园教师资格考试《综合素质》真题）

A. 有利于保护幼儿的自尊心　　B. 有利于提高幼儿操作能力

C. 有利于增强幼儿的秩序感　　D. 有利于培养幼儿的时间观念

---

① 李洪亮. 幼儿社会教育［M］. 西安：陕西师范大学出版总社有限公司，2013.

② 吕炳君. 学前儿童社会教育［M］. 武汉：华中师范大学出版社，2016.

4. 中二班举行画展，孩子们纷纷带来了各自的作品，赵老师当众挑选了“好的作品”，并将“不好的作品”丢在了废纸篓里。赵老师的做法（　　）。（2017年幼儿园教师资格考试《综合素质》真题）

A. 错误，伤害了部分孩子的自尊心　　B. 错误，打击了全体孩子的积极性

C. 正确，能充分激励孩子们创造好的作品　D. 正确，能提升班级画展的整体水平

5. 简述幼儿自我体验的发展特点。

6. 随着现代社会教养方式的改变，幼儿中出现了部分性格较强势，自尊心过强的孩子。具体表现为：一方面十分自大，另一方面又十分自卑，孩子只能接受对自己有利的部分，不愿也不敢去承受失败与批评。

问题：我们作为教育工作者，应该如何引导这些幼儿树立正确的自尊自信呢？

【课堂活动】

1. 请随机抽取本班学号，写出对应学号同学的三个优点，并与其分享。

学号：	姓名：
优点 1	
优点 2	
优点 3	

2. 请写出自己的三个优点，并在组内或全班分享。

自己的优点	
优点 1	
优点 2	
优点 3	

任务实施

任务工作单 8

组号：__________ 姓名：__________ 学号：__________ 班级：__________

丁丁入园后，教师通过半年的观察与了解，发现丁丁在参与活动中总有退缩行为和畏惧心理，最明显的特征是自信心不足。与家长沟通后了解到，丁丁一直由妈妈抚养，由于家庭琐事太多，妈妈很少与孩子交流，对孩子的重视程度不够，忽视了孩子的行为反应，使孩子的情绪状态、情绪反应得不到适当关注，产生了否定自我的倾向，行为消极，以至于自信心不足。

作为丁丁的老师，你会如何帮助丁丁建立自信心？

1. 请描述丁丁出现的问题。

2. 请描述你认为丁丁出现问题的原因。

3. 请明确丁丁所属年龄段，这个年龄段幼儿自信心的发展特点是什么？

4. 针对丁丁的问题，你将如何通过以下途径帮助丁丁建立自信心？请写出具体内容。

丁丁建立自信心方案

<table>
<tr><td colspan="3">一、家园共育</td></tr>
<tr><td colspan="3">如何帮助丁丁的家庭成员做好教育工作？</td></tr>
<tr><td colspan="3">二、幼儿园一日生活</td></tr>
<tr><td colspan="3">怎么在幼儿园一日生活中帮助丁丁建立自信？</td></tr>
<tr><td colspan="3">三、游戏活动</td></tr>
<tr><td colspan="3">设计什么样的游戏能帮助丁丁建立自信心？</td></tr>
<tr><td>游戏名称</td><td>游戏玩法</td><td>教师指导要点</td></tr>
<tr><td></td><td></td><td></td></tr>
<tr><td></td><td></td><td></td></tr>
<tr><td></td><td></td><td></td></tr>
<tr><td colspan="3">四、收集有关幼儿自信心的绘本</td></tr>
<tr><td colspan="3">收集绘本，并说明指导意义。</td></tr>
</table>

任务评价

扫一扫二维码 2-16，完成对任务工作单 8 的评价。

二维码 2-16　对任务工作单 8 的评价

拓展与提升

这段时间，幼儿园的李老师一直被一件事情困扰着。

李老师发现班上新来的小钰和别的小朋友不一样。她看见陌生人就会惊恐地往后躲，在幼儿园也不与同伴交往，不爱运动，拒绝参加班里组织的任何活动，总是自己默默地坐在小椅子上，不让小朋友们接近她。谁要是跟她说话，她就嗷嗷叫，害怕得瑟瑟发抖。

通过多方了解，李老师得知小钰出生后就被人领养，后来生父与养父发生了纠纷，为了摆脱生父的纠缠，养父就带她东躲西藏，三岁时将她转给现在的养父母。现在的养父母开了一家饭店，为了生意无暇顾及她，任她自己玩。饭店的服务员经常嘲笑她不会说话，使她害怕成年人，拒绝与人交往。没有交往对象，她的语言表达能力发展很慢，面对如此情况，李老师该怎么办？（2019 年幼儿园教师资格考试《综合素质》真题）

请结合材料，按照教师职业道德的要求，为李老师出谋划策。

教师职业道德要求	具体内容
1. 爱岗敬业	
2. 关爱学生	
3. 教书育人	
4. 为人师表	
5. 终身学习	

任务3 幼儿自我调控的培养

一、任务描述

阳阳在幼儿园里是一个自主能力很强的小朋友，能自己吃饭，自己收拾玩具，在幼儿园里也是老师的好帮手，特别喜欢主动帮老师做一些小事情，担当值日生也很积极。但阳阳的父母觉得很奇怪，为什么在家里，他就换了一副面孔，玩具不收拾，也不会主动做事，家长感觉很困惑，怎么办呢？

杨老师发现班上很多小朋友进行区域活动的时候，容易换来换去，才选定的内容，一会儿就变了，坚持不了多久。杨老师该怎么办呢？

二、学习目标

1. 知识目标

了解幼儿自我调控的概念和内容。

2. 能力目标

（1）能设计培养幼儿自主能力的活动。

（2）能设计培养幼儿坚持性的活动。

（3）能关注家长的需要，提供有关幼儿自我调控培养的活动建议。

3. 素养素质目标

辩证看待自由与约束的关系，感受大学生自我管理的重要性。

三、相关知识链接

（一）自我调控相关概念

自我调控是指个体对自己思想、情感和行为的调节与控制，属于自我意识的意志成分，主要包括自制、自立、自主、自我监督和自我控制等。如知道什么该说，什么该做，做事情有计划并努力完成目标，约束自己的行为和情绪，成为真正有责任、有道德、有目标、有梦想的人。

1. 自主

自主是指自己主动，不受别人支配。心理学中自主就是遇事有主见，能对自己的行为负责。

2. 独立性

独立性是指遇事有主见，有成就动机，不依赖他人就能独立处理事情，积极主动地完成各项实际工作的心理品质。

3. 自我控制

幼儿自我控制能力主要由自制力、自觉性、坚持性和延迟满足四个方面组成。小班社会教育活动“香甜的巧克力豆”通过情景体验的方式鼓励幼儿学会延迟满足；活动“一个娃娃两个样”通过分析幼儿在家和在幼儿园不一样的礼貌表现，帮助幼儿认识到自我控制的重要性，了解自我控制的方法；通过系列活动培养幼儿愿意接受调整、想办法积极克服困难的品质，比如社会教育活动“我不怕黑”（小班）、“输了也不哭”（中班）、“坚持就会成功”（大班）能培养幼儿的独立性、坚持性、抗挫折性等与自我控制有关的社会品质。经典幼儿文学作品也反映了自我控制教育方面的主题内容，比如《和朋友们一起想办法》《小鸭达达去探险》《爷爷一定有办法》等绘本告诉幼儿遇到事情不哭闹，要想办法解决问题。

4. 坚持性

坚持性是指个体在挑战情景下，任务导向行为的持续性；也可以说是在某种困难情境中，为达到目的而持续克服困难的倾向。它既表现为较长时间地保持注意——注意的坚持，又表现为面对困难或失败时的坚持不放弃——努力的坚持。

5. 延迟满足

延迟满足是指一种甘愿为更有价值的长远结果而放弃即时满足的抉择取向，以及在等待中表现出的抑制能力。

（二）幼儿自我调控能力发展

以维果茨基和鲁利亚为代表的文化历史学派，通过思维和语言的研究发现：语言与儿童自控能力的发展有密切的关系。根据语言控制行为能力的发展，他们把社会自我控制能力的发展分为以下三个阶段：

第一阶段：父母言语控制。婴儿阶段，父母通过运用信号（尤其是语言线索）来控制环境中的即时刺激，进而调节婴儿的行为。到了学步阶段，婴儿开始能够借助外部信号调节行为反应，并开始运用信号去影响周围的人。

第二阶段：外部言语控制。幼儿能够积极组织言语，并调节自己的行为，以达到期望的反应。这个阶段，成人言语既具有控制行为启动的作用，同时又具有控制行为抑制的功能。

第三阶段：内部言语控制。儿童外部言语渐渐隐退，内部言语充当自我指导的功能，从而实现由外部言语调控向内部言语调节的转变。

从总体上讲，学前儿童的自我控制能力随着年龄增长而呈上升趋势，而且研究发现儿童的自我控制能力发展关键期在3~5岁。5岁后总体的发展趋势不再明显。独立性发展关键期在3~4岁和7~8岁，自制力发展的关键期在3~4岁和6~7岁，动机控制发展的关键期是3~5岁。

（三）幼儿自我调控能力的培养（二维码2-17）

1. 良好的家庭教养方式

一是被关爱，让孩子感觉到自己是被关爱的、被信任的，是安全的。被关爱关乎一个人的自我价值感。孩子在被信任、安全的环境中敢于去直面父母正面和负面的评价，并及时调整。

二是做选择，让孩子学习如何自己做出有效决定。这意味着成人承认和尊重孩子的独特性，并允许他们成为他们自己。做决定关乎一个孩子的效能感，即幼儿的自主能力。从小培养幼儿的自主能力，未来才可以大胆放手让孩子去迎接每一个抉择和调整。当孩子处于叛逆期，学会说“不”之后，孩子对于父母给定的指令往往都是拒绝的，父母一般通过强硬的指令让幼儿被动接受。其实父母可以尝试让幼儿选择，给幼儿几个选项，让幼儿有自己决定的权利。

2. 灵活多变的常规教育

幼儿园一日生活中，加强生活自理能力的培养。培养幼儿的独立意识、责任感、自信心及自己处理问题的能力。如大班幼儿自主就餐、感知气温变化自主增减衣物、独立睡觉等。尤其在幼儿进行自理能力锻炼时，要给予鹰架教学，即支架教学。

3. 为幼儿树立良好榜样

很多时候，教师和家长在培养幼儿自控力的时候，自己缺乏自控力。例如，要求幼儿不看电视、不看手机，自己却忍不住追剧、熬夜看手机；要求幼儿克制自己愤怒的情绪，而自己却总忍不住对幼儿发火。例如，看到孩子行为慢了、调皮了、汤弄撒了等，家长或者一些教师会当众大声训斥孩子。这不仅会使幼儿无法学习到良好的情绪管理能力，也会大大伤害幼儿的自尊心。家长和教师的言行不一，会使幼儿的自控力培养受到影响，甚至会影响到幼儿的价值观。为此，家长和教师应该认识到自己在幼儿面前起到的示范和影响作用，要求幼儿具有自控力的同时，先对自己进行严格要求。

4. 发挥游戏作用

延迟满足就是当幼儿提出要求的时候，家长不是即时满足，而是间隔一定时间或有条件地满足，这可以提高幼儿抵抗诱惑的能力。延迟满足的范围可以是日常玩乐性或享乐性的需求。具体做法就是让幼儿学会“等待”，有条件地满足，等等。例如，幼儿要求出去玩，却又不好好吃饭，这时候就可以告诉他，如果他能在15分钟内乖乖地把饭吃完，就陪他去。

抗拒诱惑就是指抑制自己，不去利用机会从事能够得到满足但是社会禁止的行动，它表现为在有人或没有人在场的情况下，都拒绝具有诱惑力但被禁止的愿望和行动。如小班的孩子可以玩小鸟觅食的游戏，幼儿扮演小鸟寻找食物。教师在事先准备的区域投放食物，还有许多干扰幼儿的新鲜玩具，观察幼儿在规定的时间里谁捡得多、捡得对，谁能抗拒这些玩具的诱惑。游戏结束后，幼儿和教师一起讨论，理解专心、懂得抗拒诱惑，表扬专心做事的小朋友，并给予奖励。

5. 开展丰富区域活动

一是在游戏中实现规则意识和秩序感的建立。小班幼儿自我控制能力差，在行动中易受外界的影响，内部动力不足，且规则意识比较薄弱、秩序感较差，争抢玩具、随便串区的现象时有发生，孩子们往往遇到困难会采取一些逃避的态度，对这一阶段的儿童活动应该以认真、耐心、细致的具体指导为主。比如说在表演区一个小朋友偷偷跑了出来，被教师发现了；教师问他为什么串区，他告诉教师：“我不想再在表演区表演了，都没有人来看我们表演，不好玩。”这时教师就想了一个办法告诉他：“你不是说没人来看吗？那你就负责去做做宣传吧！你们表演得那么棒，要让别人知道，别人才能来看呀！”这样既解决了这个孩子游离的问题，也通过这种形式为孩子们提供了一种新的交往和表达形式。

二是增强幼儿的责任感，培养自制力。关于孩子规则意识的培养，教师可特意制作类似于“工作证”一样的进区牌，这样孩子们就能更加直观地选择区角，同时这种形式让孩子们感觉自己在从事一项创作或者工作，这样既可以让孩子有种职业自豪感和责任感，又能增强自我认可度。同时教师在活动中也应十分注意及时发现孩子良好的行为，并及时地对其进行表扬，对其违反规则的行为进行及时的纠正和指导。在区域活动中，搭建区的孩子若将玩具到处乱扔，教师发现后及时地介入，告知幼儿：你这种乱扔玩具的行为违反了搭建区的规则，你将被剥夺玩游戏的权利。要让孩子意识到自己的行为是错误的，并且要承担错误行为产生的后果，这对于形成良好的规则意识和培养幼儿良好的自制力具有十分重要的作用。

二维码 2-17　幼儿自我调控培养（微课）

（四）幼儿自我调控活动设计（二维码 2-18）

二维码 2-18　幼儿自我调控活动设计

（五）幼儿自控能力提高策略（二维码 2-19）

二维码 2-19　幼儿自控能力提高策略

（六）幼儿自我调控目标和具体教育内容（表 2-7）

表 2-7　不同年龄段幼儿自我调控表

年龄	项目	具体内容
3~4 岁	目标	学会自己选择活动内容，遇到困难、挫折不害怕，会寻求帮助；学会做自己能做的事；初步学会合理表达自己的情绪
	教育内容和要求	明白自己有些事情暂时不会做，可以求助；学习向他人寻求帮助的方式和方法；初步懂得应该做自己力所能及的事情，不依赖别人，具有初步的生活自理能力；学会向教师或同伴表达自己的需要和情感；学会合理表达自己的情绪

续表

年龄	项目	具体内容
4~5岁	目标	能主动表达自己的想法和感受，具有控制自己情绪和行为的基本能力；遇到困难能努力克服
	教育内容和要求	能主动表达自己的想法和感受，并在成人的引导下，学会控制自己的情绪和行为，不影响或妨碍同伴的活动；学做值日生，认真完成各项任务，对自己的行为负责，愿意承担责任；学会自主安排活动内容和选择同伴，能按自己的想法进行游戏或其他活动；遇到困难、挫折不放弃，努力寻找解决方法，并有一定的坚持性
5~6岁	目标	懂得应当学习好榜样，远离不良行为；能够比较自觉地控制自己的情绪和行为；学会独立解决日常生活中自己能够解决的困难
	教育内容和要求	懂得应当学习好榜样，远离不良行为；尝试独立完成任务，遇到困难能够坚持，而不轻易求助；学习控制自己的欲望和情绪，遇到不顺心的事或挫折，能安慰自己，调节自己的心态，控制自己的行为；初步明白自己的成长与成人付出的劳动密切相关，能够为班集体和父母做一些力所能及的事，如擦桌子、扫地、整理房间等；能主动发起活动，并在活动中出主意、想办法

（七）幼儿自我控制评价

教师在评价时，重点关注幼儿是否自觉地遵守班级规则；幼儿能否适应活动中的转换；幼儿能否抗拒环境和其他诱因的干扰，专注于当前活动中；幼儿能否自我延迟满足。（表2-8）

表2-8 幼儿自我控制能力检核表

幼儿姓名：________ 年龄：_____岁_____月 性别：_____

评价指标		是	否	日期
幼儿遵守班级规则	需要教师提醒才能遵守规则			
	知道一些班级规则并参与班级常规活动			
	清楚地遵守班级规则并参与班级常规活动			
幼儿适应活动转换	开始能够接受一些比较固定的转换			
	很适应固定的活动程序安排及转换			
	知道不同的场合需要有不同的行为			
幼儿专注于当前活动	无法专注于当前活动			
	偶尔有分心现象			
	能抗拒其他诱因的干扰，专注于当前活动			
幼儿自我延迟满足	延迟时间短暂			
	延迟时间显著延长，使用寻求目标策略			
	延迟时间更长，使用更多策略			

四、知识准备

【课前预习】

1. 自我调控的概念。

2. 自我调控包含____。

3. 什么是延迟满足？

4. 简述幼儿自我调控的发展特点。

5. 王老师发现，孩子们进入大班后，变得太吵闹了，有时老师喊破了嗓子，孩子们才安静下来。下列王老师的解决方法中不恰当的是（　　）。（2019 年幼儿园教师资格考试《综合素质》真题）

A. 引导幼儿逐渐学会自我约束　　B. 对吵闹的幼儿进行说服教育

C. 让家长接吵闹的幼儿回家安抚　　D. 引导幼儿参加感兴趣的活动

6. 某幼儿园一直试着让幼儿做一些力所能及的事，如发勺子、碗、筷子，搬凳子，等等。一天，小樱用乞求的目光注视着老师，轻声地说："老师让我发一次勺子好吗？"老师说："你每次吃饭最慢，上课从不举手发言，还发勺子呢！"下列做法正确的是（　　）。（2017 年幼儿园教师资格考试《综合素质》真题）

A. 老师让小樱先举手再发言　　B. 老师让小樱先吃饭再做事

C. 老师让小樱搬凳子　　D. 老师让小樱发勺子

7. 什么是鹰架教学或支架教学？

【课堂活动】

辩论赛：大学宽松式管理利大于弊（正方）vs 大学宽松式管理弊大于利（反方）

（1）请在下表中选择正方或反方，并写出自己的观点。

（2）尝试举办一场辩论赛，记录别人精彩的观点。

观点选择	
观点 1	
观点 2	
观点 3	
……	

别人精彩的观点	
观点 1	
观点 2	
观点 3	
……	

任务实施

任务工作单 9

组号：__________ 姓名：__________ 学号：__________ 班级：__________

案例一

阳阳在幼儿园里是一个自主能力很强的小朋友，能自己吃饭，自己收拾玩具，在幼儿园里也是老师的好帮手，特别喜欢主动帮老师做一些小事情，担当值日生也很积极。但阳阳的父母觉得很奇怪，为什么在家里他就换了一副面孔，玩具不收拾，也不会主动做事，家长感到很困惑，该怎么办呢？

案例二

杨老师发现班上很多小朋友进行区域活动的时候，容易换来换去，才选定的内容，一会儿就变了，坚持不了多久。杨老师该怎么办呢？

1. 分析案例一中的阳阳有这种变化的原因。

2. 面对案例一中的阳阳，你会建议家长采用哪些途径、哪些教育方法呢？

3. 案例二中，班上幼儿出现了什么问题？从心理学的角度分析幼儿出现这个问题的原因。

4. 如果你是案例二中的杨老师，你会采用哪些途径、哪些教育方法呢？

5. 围绕案例一中阳阳出现的问题，你会给家长提出什么教育建议呢？请写出你的教育建议，并模拟展示教师和阳阳家长的沟通过程。

教育建议	
沟通过程	

6. 为锻炼案例二中幼儿的坚持性，请设计一个延迟满足的游戏活动。

7. 请为幼儿设计一个玩教具，以支持幼儿学会生活自理。

年龄段	
设计意图	
材料准备	
实物带到课堂，并拍照贴在此表格中	

任务评价

扫一扫二维码 2-20，完成对任务工作单 9 的评价。

二维码 2-20　对任务工作单 9 的评价

拓展与提升

幼儿园准备组织一次春游，大一班的小朋友很高兴：有的说要去这里玩，有的说要去那里玩；有的说坐地铁去，有的说还是乘汽车好；有的在谈论自己要带什么美食……陈老师想，既然小朋友有这么多想法，那么是否可以生成一个教育活动，带着小朋友一起研究解决这些问题呢？

请帮助陈老师设计一个“我们要去春游了”的社会教育活动。（2021 年幼儿园教师资格考试《保教知识与能力》真题）

模块三

幼儿与他人

幼儿形成自我概念时，也同步建构着与他人的关系。本模块将重点关注幼儿与他人的关系。通过本模块的学习，幼儿将更深入地了解自己的情感和需求，从而更好地掌控自己的行为。他们也将学会如何与他人建立积极、健康的关系，包括亲子关系、同伴关系等。这将有助于幼儿形成良好的社交技能，增强他们的自信心和自尊心。

项目一 幼儿人际交往概述

任务 幼儿人际交往目标、内容、教育途径

一、任务描述

“快递”的诱惑

在中一班开展区域活动时，一个小男孩非常想去参加娃娃家这个角色区域活动，但是娃娃家的人数已经满了，他站在娃娃家的门口观望了许久，也试图找娃娃家的一些孩子商量，能否与他们换换区域，但是小朋友们都拒绝了他。后来，他又想了其他的策略，他先到旁边的快餐店买了一份汉堡，打包好之后又来到娃娃家，小男孩站在门口，敲了三声“咚、咚、咚”，没人搭理他；第二次，仍没人搭理他；第三次，娃娃家门口的一个小女孩给他开了门，问干什么。男孩说：“送快递。”由于男孩送的汉堡快递，引发了娃娃家的一个小朋友去快餐店吃饭的欲望，男孩成功地进入了娃娃家。

案例中展现了人际交往中的哪种关系？小男孩是通过什么途径参与到娃娃家区域活动的？在此过程中，教师应担当什么角色？

二、学习目标

1. 知识目标

（1）掌握幼儿各年龄段与同伴交往的目标、内容。

（2）了解幼儿与同伴交往的途径。

2. 能力目标

（1）能用合理的教育途径提升幼儿与同伴友好相处的能力。

（2）能查阅资料学习有关幼儿与同伴交往的内容。

3. 素养素质目标

（1）能自主学习及提升针对同伴关系进行分析的能力。

（2）能提升自己与同伴友好相处的能力。

三、相关知识链接

（一）幼儿人际交往教育

幼儿人际交往教育是指教师有目的、有计划地通过创设一定的情境和条件，激发幼儿成为社会交往活动中的一员，引导幼儿学习交往的技能，培养幼儿良好的交往行为的活动。其目的在于通过为幼儿提供交往的机会，构建人际交往的平台，使幼儿形成关心、理解、尊重和赞赏他人的人际交往态度，学习与掌握人际交往的技能，逐渐学会与人友好相处。

（二）幼儿人际交往的作用

- 有益于幼儿个体的社会化；
- 有助于幼儿安全感和归属感的形成；
- 有利于幼儿自我意识和人格的发展；
- 能够促进幼儿认知能力的发展。

（三）幼儿人际交往的类型

- 亲子交往；
- 师生交往；
- 同伴交往。

（四）幼儿人际交往教育目标、内容

1. 目标

2001 年颁布的《纲要》明确提出：要培养幼儿乐意与人交往、学习互动、合作分享，教师要引导幼儿参加各种集体活动，体验与教师、同伴共同生活的乐趣，养成对他人、社会亲近合作的态度，学习初步的人际交往技能。2012 年颁布的《指南》将人际交往列为社会领域的重要子领域，主要有两大目标：愿意与人交往；能与同伴友好相处。

2. 内容

（1）具有积极主动的交往态度。

交往态度是指人在社会交往过程中表现出来的较持久的反应倾向。幼儿积极的交往态度的形成是在与环境的相互作用中实现的。通过交往活动，幼儿的交往态度经历了从不知所措到做出积极的反应，从做出积极的反应到在交往活动中主动地、积极地发起交往的转变。幼儿在从不敢交往到乐于交往这一变化过程中，逐步掌握了社会规范，认识了社会角色，形成了积极的交往态度，促进了情感和个性的健康发展。

（2）获得一定的交往技能和策略。

交往能力是人们在社会交往过程中所运用的交往策略、交往技能及建立和谐人际关系的能力。幼儿交往的技能主要包括合作、分享、轮流、遵守规则、解决冲突等方面的技能。社交技能如何对社会交往的质量有至关重要的影响。因此，获得一定的交往技能，学会与

同伴合作和交往的策略，是提高幼儿社会交往质量的重要保证。

（3）建立良好的同伴关系。

同伴关系是幼儿在与他人的共同活动中建立的一种人际关系，同伴交往让幼儿逐步学会如何与他人共同活动，学会合作与解决冲突，从而使社会认知能力和社会交往能力不断提升。良好的同伴关系是幼儿心理健康发展的重要精神环境，有利于他们形成自尊自信、活泼开朗的性格。因此，培养幼儿建立与同伴的良好和谐关系，是幼儿社会交往教育的重要内容。

（4）养成积极、友好的交往行为。

良好的交往行为是指幼儿在社会交往过程中逐步养成的礼貌、尊重、谅解、分享、助人、谦让等行为。在有目的、有计划地教育培养下，幼儿开始按道德规范的要求约束和指导、评价自己的行为，使良好的交往行为变得更主动和自觉，这种良好交往行为的出现和发展是幼儿社会性发展的重要特征。

（五）幼儿人际交往发展评价（表 3-1）

表 3-1　幼儿人际交往发展评价内容与标准

项目	内容	等级标准		
		Ⅰ	Ⅱ	Ⅲ
交往行为	幼儿与教师的交往	对教师的主动交往能做出积极反应	有时能主动与教师交往	经常主动发起与教师的交往
	幼儿与同伴的交往	对小朋友的主动交往能做出积极反应	有时能主动与小朋友交往	经常主动发起与小朋友的交往
	幼儿与客人的交往	见到客人不害怕、不回避	对客人的主动交往能积极反应	能主动与客人交往
	解决冲突的能力	与小朋友发生冲突，经教师帮助能和解	能用适宜的方式自己解决与小朋友的冲突	能帮助解决其他小朋友之间的冲突

（六）同伴交往

1. 同伴交往的概念

同伴：年龄或心理水平相近的个体。

同伴交往：具有平等地位（年龄相近或心理发展水平相当）的个体在活动中通过语言或非语言的方式进行交流、协作的过程。

2. 同伴交往的典型行为

争抢行为、模仿行为、合作行为、分享行为、告状行为、欺负行为。

3. 同伴交往教育的作用

有助于幼儿认知能力的发展；有助于幼儿积极情感的建立；有利于幼儿掌握社会技能和策略；有助于幼儿自我概念和人格的发展；有助于同伴之间的相互社会化。

4. 3~6 岁同伴交往各年龄段典型表现（表 3-2）

表 3-2　3~6 岁同伴交往各年龄段典型表现表①

目标	3~4 岁	4~5 岁	5~6 岁
愿意与同伴交往	愿意和小朋友一起游戏	喜欢和小朋友一起游戏，有经常一起玩的小伙伴	(1) 有自己的好朋友，也喜欢结交新朋友 (2) 有问题愿意向同伴请教 (3) 有高兴的或有趣的事愿意与同伴分享
能与同伴友好相处	(1) 想加入同伴的游戏时，能友好地提出请求 (2) 在成人指导下，不争抢、不独霸玩具 (3) 与同伴发生冲突时，能听从成人的劝解	(1) 想加入同伴的游戏时，能友好地提出请求 (2) 对同伴也喜欢的东西能与其分享 (3) 与同伴发生冲突时，能在他人帮助下和平解决 (4) 活动时愿意接受同伴的意见和建议 (5) 不欺负弱小	(1) 能想办法吸引同伴和自己一起游戏 (2) 活动时能与同伴分工合作，遇到困难能一起克服 (3) 与同伴发生冲突时能自己协商解决 (4) 知道同伴的想法有时和自己不一样，能倾听和接受同伴的意见，不能接受时会说明理由 (5) 不欺负同伴，也不允许同伴欺负自己
关心尊重他同伴	(1) 同伴生病或不开心时表示同情 (2) 在提醒下能做到不打扰同伴	(1) 会用礼貌的方式向同伴表达自己的要求和想法 (2) 能注意到同伴的情绪，并有关心、体贴的表现	(1) 能有礼貌地与同伴交往 (2) 能关注同伴的情绪和需要，并能给予其力所能及的帮助 (3) 尊重为同伴提供服务的人，珍惜他们的劳动成果 (4) 接纳、尊重与自己的生活方式或习惯不同的同伴

5. 3~6 岁各年龄段同伴交往教育内容（表 3-3）

表 3-3　3~6 岁各年龄段同伴交往教育的内容

年龄段	教育内容
3~4 岁	引导幼儿尽快熟悉班级同伴，并愿意与同伴一起游戏；引导幼儿愿意与别人分享玩具，不干扰和妨碍别人的游戏活动
4~5 岁	引导幼儿了解好朋友的爱好与特点；引导幼儿与同伴友好地做游戏，学会分享、合作与谦让；教育幼儿学会关心同伴，不欺负弱小
5~6 岁	指导幼儿用轮流、合作、交换、等待等策略与同伴共同做事、游戏；引导幼儿主动帮助比自己小的小朋友做事、做游戏

6. 同伴关系的教育途径

(1) 创造交往的机会，让幼儿体会交往的乐趣。

幼儿园应鼓励幼儿参加小朋友的游戏，邀请小朋友到家里玩，感受有朋友一起玩的快乐；幼儿园应多为幼儿提供自由交往和做游戏的机会，鼓励他们自主选择、自由结伴开展活动。

① 参见《3~6 岁儿童学习与发展指南》。

（2）结合具体情境，指导幼儿学习交往的基本规则和技能。

当幼儿不知怎样加入同伴游戏，或提出请求不被接受时，建议他拿出玩具邀请大家一起玩；或者扮演某个角色加入同伴的游戏。

对幼儿与同伴分享玩具、图书等行为给予肯定，让他对自己的表现感到高兴和满足。

当幼儿与同伴发生矛盾或冲突时，指导他尝试用协商、交换、轮流玩、合作等方式解决冲突。

利用相关的故事书、绘本，结合幼儿的交往经验，和他讨论什么样的行为受同伴欢迎，想要得到同伴的接纳应该怎样做。

幼儿园应多为幼儿提供需要大家齐心协力才能完成的活动，让幼儿在具体活动中体会合作的重要性，学习分工合作。

（3）成人以身作则，以尊重、关心的态度对待幼儿。

看到幼儿有困难能主动关心，并给予一定的帮助。

（4）引导幼儿尊重、关心同伴，尊重同伴的劳动及成果。

提醒幼儿关心同伴。如：同伴累了，知道让他安静休息一会儿。

借助故事书、绘本等，给幼儿讲与同伴友好相处的案例，让幼儿知道与同伴相处的方法。

结合实际情境，提醒幼儿注意同伴的情绪，了解他们的需要，并给予适当的关心和帮助。

利用生活机会和角色游戏，为幼儿与同伴提供多种相处、合作的机会。

（5）引导幼儿学习用平等、接纳和尊重的态度对待差异。

让幼儿了解每个人都有自己的兴趣爱好和特长，可以相互学习。

（七）幼儿人际交往微课（二维码 3-1）

扫一扫

二维码 3-1　幼儿人际交往（微课）

（八）幼儿换位思考能力的培养策略（二维码 3-2）

扫一扫

二维码 3-2　幼儿换位思考能力的培养策略（微课）

四、知识准备

【课前预习】

1. 梅梅和芳芳在娃娃家玩，俊俊走过来说：“我想吃点东西。”芳芳说：“我们正忙呢。”俊俊说：“我来当爸爸炒点菜吧。”芳芳看了看梅梅说：“好吧，你来吧。”从俊俊的社会性发展来看，下列哪一选项最贴近他的最近发展区？（　　）（2019 年幼儿园教师资格考试《保教知识与能力》真题）

A. 能够找到一个自己喜欢的玩伴

B. 开始使用一定的策略成功加入游戏小组

C. 在 4~5 名幼儿的角色游戏中开始合作性互动

D. 能够在角色游戏中讨论所装扮角色的行为

2. 在角色游戏中，教师观察幼儿能否主动协商处理玩伴关系，主要考察的是（　　）。（2018 年幼儿园教师资格考试《保教知识与能力》真题）

A. 幼儿的情绪表达能力　　B. 幼儿的社会交往能力

C. 幼儿的规则意识　　D. 幼儿的思维发展水平

3. 午饭后，幼儿正在看动画片，突然，欣欣哭起来了。原来是玲玲咬了她。张老师刚想问明原因，玲玲不满地说：“她故意挡住我看电视。”从教师指导者作用的角度来看，张老师恰当的做法是（　　）。（2021 年幼儿园教师资格考试《综合素质》真题）

A. 帮助幼儿解决问题　　B. 公平对待每个幼儿

C. 倾听幼儿内心想法　　D. 关注幼儿个体差异

4. 自由活动时，幼儿三五成群地在沙坑里玩耍，只有杰杰孤零零地站在旁边，一动不动。对此，老师恰当的做法是（　　）。（2020 年幼儿园教师资格考试《综合素质》真题）

A. 询问杰杰不与大家玩的原因　　B. 只关注其他孩子，不理会杰杰

C. 告诉杰杰可以自己去玩　　D. 要求杰杰过去与大家一起玩

5. 影响幼儿与同伴交往的因素有哪些？（2020 年幼儿园教师资格考试《综合素质》真题）

6. 自主查阅资料，请写出“班杜拉观察学习理论”的过程，以及该实验在同伴关系中如何运用，并举例说明。

【课堂活动】

1. 对视游戏。

两人一组。甲闭上眼睛，乙注视着甲的眼睛。

甲在心中确定，睁开后看乙的哪一只眼睛。

准备就绪，乙就让甲睁眼。甲睁眼后，如果乙能立即判断出甲在注视自己的哪一只眼睛，则乙得 1 分，先满 5 分者获胜。

对视对象	获胜对象

2. 踩报纸。

以小组为单位，各小组人数统一。教师给每个组发放一张报纸，让大家相互协作，所有组员双脚均不接触报纸之外的物体为合格。每完成一次，教师对折一次报纸，报纸越折越小。不合格的组自动淘汰，坚持到最后的一组获胜。

记录下你们组的精彩瞬间

3. 艺术展览。

学生随机组队，2 人一组，一人为甲、一人为乙。

甲扮演艺术家，乙则扮演一块黏土。

甲不断地变换乙的造型，最终把乙塑造成一尊雕塑。

完成“作品”后，各组的甲拍照，并欣赏各自的雕塑，相互介绍雕塑的内容。

角色互换或 4~6 人为一组，若干艺术家和若干黏土共同完成雕塑作品。

记录下你们组的精彩瞬间

4. 请分析以上三个游戏，在促进同伴交往上起到什么作用？涉及哪些内容？放在幼儿园，小朋友可以玩吗？为什么？

任务实施

任务工作单 10

组号：__________ 姓名：__________ 学号：__________ 班级：__________

案例："快递"的诱惑

在中一班开展区域活动时，一个小男孩非常想去娃娃家这个角色区域中活动，但是娃娃家的人数已经满了，他站在娃娃家的门口观望了许久，也试图找娃娃家的一些孩子商量，能否与他们换换区域，但是小朋友们都拒绝了他。后来，他又想了其他的策略，他先到旁边的快餐店买了一份汉堡，打包好之后又来到娃娃家，小男孩站在门口，敲了三声"咚、咚、咚"，没人搭理他，第二次，没人搭理他，第三次，娃娃家门口的一个小女孩给他开了门，问干什么。男孩说："送快递。"由于男孩送的汉堡快递，引发了娃娃家的一个小朋友去快餐店吃饭的欲望，男孩成功地进入了娃娃家。

1. 小男孩是以什么方式参与娃娃家区域活动的？

2. 在此过程中，教师应该扮演什么样的角色？

3. 如果你是教师，在进行活动分享和总结时，你会怎么组织一次游戏分享活动？写出活动方案，并试教。

任务评价

扫一扫二维码 3-3，完成对任务工作单 10 的评价。

扫一扫

二维码 3-3 对任务工作单 10 的评价

拓展与提升

1. 请对以下教育活动进行评析。

小猫运粮食（大班）

【活动目的】

锻炼幼儿的平衡、投掷能力；

培养幼儿团结协作、步调一致的合作能力。

【活动准备】

每人两根短棍，若干海洋球；

幼儿戴上小猫头饰，扮成“小猫”。

从起点至家的路途中设置梅花桩、单杠桥、呼啦圈山洞，终点设置投掷轮胎。

【活动过程】

第一关：将幼儿分成两组，每组两只“小猫”，手拉手从起点出发，快步走过梅花桩。

第二关：一只“小猫”辅助另外一只“小猫”走独木桥（单杠桥），注意两人的配合，不能从桥上掉下来，否则须重新出发。

第三关：两只“小猫”来到粮仓，拿起担粮食的小短棍，两只“小猫”用手中的小短棍合作抬一袋“粮食”（粮食用海洋球代替）向自己家走去。

第四关：“小猫”共同抬起粮食低身钻过呼啦圈山洞，将粮食运回自己的家中，运送的过程中“粮食”不能掉，否则须重新出发。

第五关：投掷区为“小猫”的家，“小猫”到家后须将自己运来的粮食投送到家里的粮仓，投掷完后，“小猫”从两边返回起点。最先返回起点，且将粮食运送回家的一组获胜。

（1）此活动属于什么领域？

（2）此活动是否能促进幼儿的同伴交往？为什么？

（3）此活动还有哪些可以改进的地方？

2. 查找幼儿人际交往的绘本或故事（至少 3 本或 3 篇）

项目二 幼儿人际关系的培养

任务1 幼儿友谊关系建立

一、任务描述

4岁的莎莎在同伴关系中是沉默而安静的。她经常站在旁边，只是看着其他孩子活动，甚至当别人邀请她一起游戏时，她也摇头说“不”。几次这样的拒绝后，其他孩子就不邀请她了，现在基本上不理她了。

你作为教育工作者，怎么理解莎莎的行为？你会如何进行有效的干预呢？

二、学习目标

1. **知识目标**

（1）了解友谊的发展过程及内容。

（2）掌握促进幼儿友谊关系的途径和方法。

2. **能力目标**

（1）能分析幼儿友谊发展状况。

（2）设计促进幼儿友谊关系的活动。

3. **素养素质目标**

（1）感受自己友谊关系的建立，珍惜友谊。

（2）愿意关注幼儿友谊发展。

三、相关知识链接

（一）友谊关系

和同伴关系一样，友谊关系为幼儿提供了一个人人平等的机会。此外，同伴只是定期在一起从事共同的活动，而彼此选择成为朋友，就成为专门选择的玩伴及活动伙伴。

不是所有的同伴关系都被定义为友谊。对于幼儿来说，有些是熟人，有些是同伴，只有某些人才能被定义为真正的朋友。

有朋友的幼儿比没有朋友的幼儿更容易成为有社会技能的、好交往的、能协作的、利他的、自信的、不孤独的人。

（二）友谊发展的过程①

1. 接触

接触时一个人必须主动，另一个人必须回应，具体可以有以下行为：

- 微笑，高兴地说话或者问好；
- 询问信息；
- 向别人的问好和要求做出回应；
- 提供信息；
- 邀请参加。

2. 维持积极的关系

接触后，需要维持良好的人际关系，具体措施有以下几种：

- 表达兴趣；
- 共同协作；
- 表达接受；
- 表达感情；
- 表达同情；
- 提供帮助和建议；
- 赞扬同伴。

3. 谈判解决冲突

- 表达个人权利、需要或感情；
- 聆听和认识别人的权利和感情；
- 建议用非暴力方式解决冲突；
- 提出解决方案后解释理由；
- 反对不合理的要求；
- 接受合理的不同意见；
- 折中解决方案。

4. 结束友谊（二维码 3-4）

- 了解或者认识分离，说再见；
- 用其他的人或者活动来代替结束的关系。

① 克斯特尔尼克，等. 儿童社会性发展指南：理论到实践［M］. 4 版. 邹晓燕，等译. 北京：人民教育出版社，2008：301-303.

扫一扫

二维码 3-4　幼儿园毕业典礼活动方案①

（三）支持幼儿友谊的方法

1. 日常活动

（1）为幼儿及其朋友提供非正式的交谈、游戏，享受彼此在一起的机会。

（2）有计划地将幼儿配对，引导幼儿相对无风险地练习交友技能。配对采用相似性原则，儿童更愿意选择和他们年龄相仿的朋友，与有相似特征的朋友交往，交往过程会更加舒适。相似性主要体现在身体外形、种族、性别等方面，也有其他的相似特征，如成就、技能、社交性格、完全不同的特征等。具体可以有以下措施：

- 开展小组讨论，使幼儿发现彼此的相似性；
- 帮助幼儿记住每一个人的名字；
- 帮助被忽视和被拒绝的幼儿发展友谊；
- 帮助幼儿忍受友谊失败或结束友谊。

2. 专门的教育活动

- 帮助幼儿了解他们的行为对同伴关系发展的影响；
- 帮助幼儿发展谈话技巧；
- 开展活动强化对朋友的定义、价值的认识。

例：主题活动“我的好朋友”（图 3-1）。

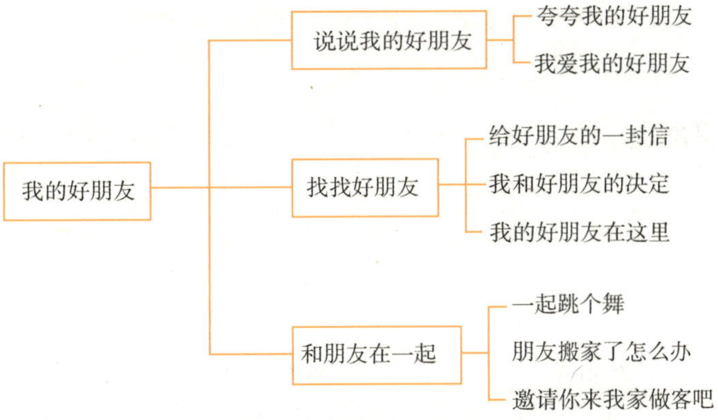

图 3-1　主题活动“我的好朋友”主题网络图

① 本案例由贵州省贵阳市观山湖区第十六幼儿园、贵州省贵阳市实验幼儿园提供。

3. 家园共育

- 让家长了解友谊的重要性，指导家长发展幼儿交友技能；
- 与家长共同促进幼儿校外友谊的发展；
- 跟被忽视和被拒绝幼儿的家长谈话。

（四）注意事项

作为成人，以下这些问题需要引起重视：

- 过早地干预幼儿友谊发展中出现的问题；
- 干预幼儿友谊的发展；
- 强调每一个人都是“朋友”；
- 要求幼儿与他的朋友一直都在一起。

（五）促进幼儿友谊关系的策略和方法（二维码 3-5）

扫一扫

二维码 3-5　促进幼儿友谊关系的策略和方法（微课）

（六）幼儿人际交往的重要意义（二维码 3-6）

扫一扫

二维码 3-6　幼儿人际交往的重要意义（微课）

四、知识准备

【课前预习】

材料分析题一

4 岁的石头在班上朋友不多。一次，他看见林琳一个人玩，就冲上去紧紧地抱住林琳。林琳感到不舒服，一把推开了石头。石头跺脚大喊：“我是想和你做朋友的啊！”

（1）请根据上述材料，分析石头在班里朋友不多的原因。

（2）教师应如何帮助石头改善朋友不多的状况？（2018 年幼儿园教师资格考试《保教知识与能力》真题）

材料分析题二

开学初，中（2）班来了位叫瑞瑞的插班生。班主任刘老师通过一个月的观察发现，瑞瑞不愿意与小朋友交往，经常咬人、打人，还发现瑞瑞在语言交流和表达等方面明显低于同龄幼儿的发展水平。

刘老师与家长进行沟通后了解到，瑞瑞长期与奶奶在一起生活，爸爸妈妈都不在身边。

接下来的一段时间，刘老师对瑞瑞的行为进行了仔细的观察和记录，还多次去瑞瑞家进行家访，了解孩子在家的具体情况。针对瑞瑞的情况，刘老师专程到儿童医院向专业人士进行咨询。回来后，刘老师把咨询的情况与远在外地的瑞瑞妈妈进行了沟通，建议瑞瑞妈妈尽早带孩子去专门机构进行科学的发展测评。同时，刘老师在班级的各项活动中，有意识引导其他小朋友和瑞瑞交朋友、做游戏。

通过测评，瑞瑞真的存在发育迟缓的问题。专业机构为瑞瑞拟定了矫治方案，在刘老师和家长共同配合下，这个方案得以实施。

请结合材料，回答以下问题。

（1）教师行为是否正确？

（2）从教师职业道德的角度，评析刘老师的教育行为。

教师职业道德内容	具体描述
爱岗敬业	
关爱学生	
教书育人	
为人师表	
终身学习	

（2018 年幼儿园教师资格考试《综合素质》真题）

【课堂活动】

1. 请说说班上或童年时代你关系最好的朋友。你们认识的过程是怎样的？你们是怎样成为朋友的？

2. 为什么说他是你最好的朋友，描述一下这个人有什么特点，使他成为对你来说重要的人。

3. 结合自身经验，描述友谊产生过程中的具体内容。

过程	具体内容
（1）接触	
（2）积极维持关系	
（3）谈判解决冲突	
（4）结束友谊	

4. 请谈谈幼儿在友谊关系建立中，成人应该注意的问题，举例说明。

注意事项	举例说明
过早地干预幼儿友谊发展中出现的问题	
干预幼儿友谊的发展	
强调每一个人都是朋友	
要求幼儿与他的朋友一直都在一起	

任务实施

任务工作单 11

组号：__________ 姓名：__________ 学号：__________ 班级：__________

4 岁的莎莎在同伴关系中是沉默而安静的。她经常站在旁边，只是看着其他孩子活动，甚至当别人邀请她一起游戏时，她也摇头说“不”。几次这样的拒绝后，其他孩子就不邀请她了，现在基本上不理她。

1. 作为教育工作者，你怎么理解莎莎的行为？

2. 你会通过哪些途径和方法进行有效的干预呢？请结合相关知识链接中“我的好朋友”这个主题相关的社会教育活动内容，按要求作答。

（1）填写相关社会教育活动。

<table>
<tr><td colspan="3">主题名称：</td><td>年龄班：</td></tr>
<tr><td rowspan="5">主题网</td><td rowspan="2">专门教育
活动名称</td><td>社会领域
（不少于 2 个）</td><td></td></tr>
<tr><td>其他领域
（不少于 3 个）</td><td></td></tr>
<tr><td>区域活动名称
（不少于
3 个区域）</td><td colspan="2"></td></tr>
<tr><td>家园共育
活动内容</td><td colspan="2"></td></tr>
<tr><td>环境创设
呈现内容
（主题墙）</td><td colspan="2"></td></tr>
</table>

（2）设计促进幼儿友谊的游戏（2个）。

游戏名称： 游戏准备： 游戏玩法： 游戏规则：
游戏名称： 游戏准备： 游戏玩法： 游戏规则：

（3）根据主题网络图中内容，撰写一篇促进幼儿友谊关系的社会教育活动，并试教。

活动名称：	年龄班：
活动目标	
活动重难点	
活动准备	
活动过程	
活动延伸	

任务评价

扫一扫二维码 3-7，完成对任务工作单 11 的评价。

二维码 3-7　对任务工作单 11 的评价

拓展与提升

你们班孩子即将幼儿园毕业了，请设计一场属于你们班的毕业典礼，让幼儿有一个难忘的回忆。请参考相关知识链接中某幼儿园的毕业典礼活动方案（二维码 3-4），设计一份属于你们班的毕业典礼活动方案。

任务2 幼儿亲社会行为培养

一、任务描述

李老师遇到一些比较头疼的事情。通过一段时间的自主游戏后，他发现他们中班的小朋友已经开始学会和同伴一起合作玩游戏，一起进行角色扮演，某些组内能力比较强的小朋友还能指挥合作活动，但能力较弱的小朋友没有合作意识，缺乏组织性，作为教师应该如何去支持幼儿的合作行为呢？

李老师还有一个困惑，小班的孩子不太会分享，中班的孩子如果发现有人不分享就会告状。他有意识地让幼儿分享自己的玩具给其他小朋友，但小朋友不愿意，李老师很纠结，孩子有权利不分享玩具，但他又确实想让小朋友学会分享，减少冲突和告状行为，他不知道该如何去做。

作为学前教育的专业教师，请你给李老师提供相关的帮助。

二、学习目标

1. 知识目标

（1）了解幼儿亲社会行为的内涵与特征。

（2）理解幼儿亲社会行为培养的途径。

2. 能力目标

根据幼儿亲社会行为的发展特点，设计促进幼儿亲社会行为的教育活动。

3. 素养素质目标

树立自主、合作学习的意识，形成良好的从教意愿。

三、相关知识链接

（一）社会行为

社会行为是指人们在社会交往中所表现出来的对人、事、物的一系列态度和行为反应，是社会化的结果。根据社会行为所起的作用，社会行为被分为积极行为和消极行为两大类。在这里，积极行为主要指对他人或集体有利的行为，如分享、安慰、帮助等，也称为亲社会行为；消极行为主要指对他人或集体不利的行为，如抢夺、讥讽、攻击、威胁等，也称为反社会行为或攻击性行为。

（二）亲社会行为

亲社会行为是人们在共同的社会生活中表现出来的有益于社会、他人的行为。如谦让、互助、协作、共享等。亲社会行为是个体社会化发展的一个重要指标。

亲社会行为可以分为利他行为和助人行为两种。利他行为是最高层次的亲社会行为，因为它是人们出于自愿，不企图得到任何报酬和奖励，只是为了他人或大多数人的利益，毫无自私之心。利他行为和助人行为都是道德行为，是高度社会化了的行为。

《3~6岁儿童学习与发展指南》人际交往领域中明确指出，要注意培养幼儿的亲社会行为，并在教育建议部分强调"对幼儿与别人分享玩具、图书等行为给予肯定""当幼儿与同伴发生矛盾或冲突时，指导他尝试用协商、交换、轮流、合作等方式解决冲突"。

（三）幼儿亲社会行为的类型

（1）同情、安慰与帮助。

同情、安慰与帮助行为都属于人际交往中单向的亲社会行为。儿童对于他人的苦难忧愁，从最初情绪上感同身受，到通过言语等方式抚慰，再到以实际行动给予帮助。

同情是指对他人的苦难、不幸会产生关怀、理解的情感反应。这个概念包含了对弱者、不幸者的关心和同情，强调对他人的遭遇产生共鸣和理解。同情以移情作用为基础。

安慰是指个体觉察到他人的消极情绪状态，如烦恼、哭泣等，并试图通过语言或行动使他人消除消极情绪状态，变得高兴起来的亲社会行为。察觉到他人的消极情绪状态，并通过一定的技巧使他人的消极情绪状态得到改善，是安慰行为的两个要素。

帮助是一种"关系"的形态。所谓"助人关系"是指在这种关系中，两个个体共同解决其中一人的困扰，以期使有困扰的个体能增进能力，克服生活中的困扰或做出更有效的决定，促进其成长。因此，这两个人只是在为其中一人工作，所以助人关系并不完全是相互或互惠的，它是为了其中一人的利益（指求助者），而不是为了另一人的利益（指助人者）。

（2）分享与合作。

分享与合作行为都涉及多人之间的相互作用，具有人际交往多向性的特征。

分享是幼儿与他人共同享用某种资源的行为。艾森伯格根据分享的形式，将分享分为主动分享和被动分享。艾森伯格的研究表明：主动分享是幼儿成长过程中考察幼儿亲社会行为的指标之一。培养幼儿养成良好的分享意识，可以使幼儿更好地发展同伴关系，使其懂得关爱他人，培养其亲社会行为，为其将来的人生发展奠定良好的基础。

合作是指两个或两个以上的个体为了实现共同目标（共同利益）而自愿地结合在一起，通过相互之间的配合和协调（包括言语和行为）而实现共同目标（共同利益），最终个人利益也获得满足的一种社会交往活动，是促进一种既有利于自己又有利于他人的结果出现的行为。

（3）社会公德行为。

社会公德行为是基于一些大家共同认可的社会责任规范的、对于公众有益的行为，这些行为可统称为社会公德行为。儿童具有怎样的社会公德行为可以说完全是教育的结果，但社会公德行为的产生也受到儿童认知发展的影响。

总之，亲社会行为代表了社会积极的价值观，而学前阶段又是培养亲社会行为的最佳时机，因此，理解亲社会行为的含义，把握学前儿童亲社会行为的发展特征，对于引导儿童产生同情、安慰、帮助、分享、合作及社会公德行为等亲社会行为有着重要的意义。

（四）幼儿亲社会行为的发展特点

我国学者王美芳、庞维国对幼儿在幼儿园的亲社会行为进行了观察研究，结果表明幼儿亲社会行为的发展具有以下特点：

（1）幼儿亲社会行为主要指向同伴，极少数指向教师。

（2）幼儿的亲社会行为指向同性伙伴和异性伙伴的次数存在年龄差异，小班幼儿指向同性、异性同伴的次数接近，而中班和大班幼儿的亲社会行为指向同性伙伴的次数不断增多，指向异性伙伴的次数不断减少。

（3）在幼儿的亲社会行为中，合作行为最为常见，其次为分享行为和助人行为，安慰行为和公德行为较少发生。

（五）幼儿亲社会行为的培养途径

1. 现场教育

亲社会行为的发生有其情境性，无法进行预设，因此，教师必须仔细观察幼儿，在他们表现出亲社会行为时立即给予关注，适时提供支持。例如，幼儿排队等待洗手时，教师就可以引导他们认识到排队其实也是一种与他人合作的方式，而合作的结果就是大家都能愉快地洗手。

2. 创设环境

亲社会行为的产生需要幼儿具备一定的社会知识与技能，因此，创设适宜的环境为幼儿提供实践的机会，是培养幼儿亲社会行为的一个重要途径。如：教师可以在一日活动中设计一些需要幼儿多人合作才能完成的任务；当幼儿遇到困难向教师求助时，教师可推荐有能力完成任务的同伴来帮助他，而非自己动手；可设计不同难度的任务，以营造帮助与合作的氛围，将竞赛性质的游戏改编成合作游戏；等等。

3. 设计活动

设计专门的教育活动是培养幼儿亲社会行为的一个重要途径。目前，这样的活动在幼儿园课程中的比重并不高。培养幼儿亲社会行为的教学活动大致可通过如下方式进行：对亲社会行为的价值进行讨论；通过故事书或绘本传递理念，引导幼儿通过角色扮演、合作游戏体验亲社会行为的价值，等等。

（六）有关亲社会行为培养的活动设计（二维码 3-8）

扫一扫

二维码 3-8　有关亲社会行为培养的活动设计①

---

① 本案例由贵州省贵阳市第五幼儿园李培、贵州省镇远县机关幼儿园杨正艳撰写。

（七）幼儿亲社会行为注意事项

1. 施以适宜的正面教育

培养亲社会行为最有效的方式是教师正面地鼓励与发挥榜样作用。目前，教师采用最多的正面教育方式就是表扬。首先，如果教师的表扬完全指向某个幼儿，而不是亲社会行为的价值，那么很多幼儿会表现出类似的行为以期获得表扬，却忽略了他人的感受。其次，对亲社会行为的表扬有其特殊性，如果教师在表扬某个幼儿的同时同等对待他人，反而会减少亲社会行为出现的概率。

2. 注重彰显积极的行为结果

成人在指导幼儿的亲社会行为时，往往过于注重该行为的道德意义，对幼儿而言过于抽象。在亲社会行为的培养中，教师应该树立适宜的榜样，让幼儿更多地认识到亲社会行为给他人、给自己带来的益处，避免树立非典型的、有不良后果的榜样。

3. 关注“受益者”的感受

在培养幼儿亲社会行为的过程中，不能忽视“受益者”的利益与感受。亲社会行为是对他人有益的行为，诸如同情、安慰和帮助等行为都会有一个明显的“受益者”存在。教师在指导幼儿的亲社会行为时，关注“受益者”的感受，不但要重视亲社会行为本身，还要教给幼儿如何积极回应他人的亲社会行为。

总之，培养幼儿的亲社会行为应从幼儿的身心发展特点出发，注重幼儿亲社会行为发展过程中的特殊性，不断地总结反思教育过程，归纳教育策略，这样才能真正促进幼儿亲社会行为的发展。

（八）幼儿亲社会行为培养微课（二维码 3-9）

扫一扫

二维码 3-9　幼儿亲社会行为培养（微课）

四、知识准备

【课前预习】

1. 完成下列选择题。

（1）（　　）是人们在共同的社会生活中表现出来的有益于社会、他人的行为

A. 移情行为　　B. 亲社会行为

C. 互助行为　　D. 分享行为

（2）以下不属于幼儿亲社会行为的有（　　）

A. 谦让　　B. 互助

C. 协作　　D. 冲突

(3)（　　）行为是道德行为，是高度社会化了的行为

A. 助人　　B. 利己

C. 中心　　D. 自我

(4) 以下不属于人际交往中单向的亲社会行为的是（　　）

A. 同情　　B. 安慰

C. 分享　　D. 帮助

(5)（　　）行为都涉及多人之间的相互作用，具有人际交往多向性的特征

A. 同情　　B. 帮助

C. 分享　　D. 合作

(6) 以下属于幼儿亲社会行为的培养途径有（　　）

① 现场教育　② 创设环境　③ 设计活动　④ 参观学习

A. ①②③　　B. ①②④

C. ②③④　　D. ①②③④

(7) 符合大家共同认可的社会责任规范的、对于公众有益的行为，可统称为（　　）

A. 单向亲社会行为　　B. 双向亲社会行为

C. 多向亲社会行为　　D. 社会公德行为

(8) 以下属于幼儿亲社会行为的注意事项有（　　）

① 施以适宜的正面教育　　② 注重彰显积极的行为结果

③ 在专项活动中进行教育　　④ 关注“受益者”的感受

A. ①②③　　B. ①②④

C. ②③④　　D. ①②③④

2. 简述移情对儿童亲社会行为发展的影响。（2017 年幼儿园教师资格考试《保教知识与能力试题》真题）

3. 自 2006 年南京“彭宇案”后，“扶不扶”“救不救”问题成为社会讨论的焦点，也出现了一些体现社会冷漠的事件，大家都不敢伸出援手，你怎么看？

4. 结合所学知识和自身经历，自主查阅资料，亲社会行为的表现有哪些？请谈谈这些亲社会行为的意义，及其对建设和谐社会的作用。

5. 根据以下案例内容，分析并完成表格填写。

案例内容	分析成人对幼儿亲社会行为的影响
案例一： 某幼儿园在开展分享活动时，鼓励幼儿从家中带最喜欢的玩具到幼儿园和同伴分享。小刚准备把他最喜欢的遥控汽车带到幼儿园去，可是遭到了家人的一致反对。爸爸说："儿子，这个遥控汽车很贵哟！如果带到幼儿园被别的小朋友玩坏了，我可不会再买了。"小刚说："可老师说了要带自己最喜欢的玩具呀。"妈妈说："没有关系，你只要带一个玩具去幼儿园就可以了，老师不会批评你的。"小刚说："那我带什么玩具呢？"妈妈说："就带那个变形金刚吧，反正被你玩得也差不多坏了。"第二天，小刚带着变形金刚到了幼儿园。	
案例二：为什么不给爷爷奶奶吃？① 侄子有什么好东西总愿意和我分享，老爸对此"颇有微词"："什么东西都要给姑姑吃，爷爷奶奶要尝尝都不给，这孩子白疼了。"其实，侄子原来是很大方的，有好吃的都愿意和爷爷奶奶分享。但爷爷奶奶经常逗他："好吃的也给爷爷奶奶分点啊！"孩子的手马上递了过去，他们赶紧又说："爷爷奶奶不吃，你自己吃吧！"几次之后，孩子就不再当回事儿了。而当侄子与我分享时，我会道谢并真的与他分吃，还夸他的东西好吃，侄子也乐意与我分享。老爸甚至还责怪我说："大人怎么还吃孩子的东西！"	

【课堂活动】

猜猜谁是我的小天使

活动内容：

请以班级为单位，将班级内所有学生的名字制作成签条，每个人随机抽取一个（非自己的名字）。你不能向任何人透漏自己抽取的名字是谁。此刻，你抽取的名字，就是你要守护的对象，你就是一周内默默守护他/她的小天使。与此同时，你的姓名也会被别人抽到，你也有一个默默守护你的小天使。

---

① 选自教育部"微言教育"微信公众号。

活动要求：

（1）在一周内，你要对他做三件亲社会行为的事情，尽量隐藏自己，不能让对方和其他人知道你是谁的小天使。

（2）在一周内，请仔细关注身边的同学，猜出谁是你的小天使。

注：制作的签条名字一定要与现场的所有人员一致。

我是小天使

被帮助对象			
活动要求	第一件	第二件	第三件
请描述或贴图证明你为对方做的三件亲社会行为			

猜猜谁是我的小天使

我的天使			
活动要求	第一件	第二件	第三件
请描述或贴图证明对方为你做的亲社会行为			

任务实施

任务工作单 12①

组号：________ 姓名：________ 学号：________ 班级：________

李老师遇到一些比较头疼的事情。通过一段时间的自主游戏后，他发现他们中班的小朋友已经开始学会和同伴一起合作玩游戏，一起进行角色扮演，某些组内能力比较强的小朋友还能指挥合作活动，但能力较弱的小朋友没有合作意识，缺乏组织性，作为教师应该如何去支持幼儿的合作行为呢？

1. 根据上述案例，你会选择哪些教育途径培养幼儿的合作能力？

2. 你会如何利用榜样示范法、移情训练法或其他教学方法促进幼儿的合作行为？

3. 请设计 1~2 个游戏活动，提升幼儿的合作能力。

① 依据个人实际情况选择完成或全部完成任务工作单 12、13、14。

任务工作单 13

组号：__________ 姓名：__________ 学号：__________ 班级：__________

李老师有一个困惑，小班的孩子不太会分享，中班的孩子如果发现有人不分享就会告状。他有意识地让幼儿分享自己的玩具给其他小朋友，但小朋友不愿意，李老师很纠结，孩子有权利不分享玩具，他又确实想让小朋友能减少冲突和告状行为，学会分享，他不知道该如何去做。

1. 你怎么理解幼儿的告状行为？

2. 你会如何利用榜样示范法、移情训练法或其他教学方法促进幼儿的分享行为？

3. 请设计 1~2 个游戏活动，促进幼儿的分享行为。

任务工作单 14

组号：__________ 姓名：__________ 学号：__________ 班级：__________

尝试在实习期间，进行一日或半日活动观察，记录和分析幼儿的亲社会行为表现。可采用本书提供的观察记录表，或自主设计观察记录表。

请围绕幼儿亲社会行为发展现状，自选角度，搜集素材，设计亲社会教育活动方案。

注：如无法开展观察记录，可自选角度。

1. 幼儿亲社会行为观察记录（二维码 3-10）。

扫一扫

二维码 3-10 幼儿亲社会行为观察记录表模板

2. 幼儿亲社会行为培养活动方案。

（1）生活活动。

（2）游戏活动。

（3）专门的社会教育活动，并试教。

任务评价

扫一扫二维码 3-11，完成对任务工作单 12—14 的评价。

二维码 3-11　对任务工作单 12—14 的评价

拓展与提升

请同小组成员根据以下案例，运用所学知识，加以分析。

搬 椅 子①

案例材料：

活动开始了，教师请幼儿轻轻搬椅子到老师身旁来。这时，有的幼儿抱着椅子，有的幼儿推着椅子，有的幼儿拖着椅子往老师身边挤，活动室里一片混乱。看到这幅情景，教师轻轻走到一位推着椅子的幼儿跟前，抱起他的椅子，说："哎呀，小椅子，对不起，你的腿很疼，是吗？我帮你揉揉。"教师充满关爱的神情和言语引起幼儿的注意，活动室一下子静了下来。"老师，我不推椅子的。""老师，我会抱起椅子的。"……推着椅子和拖着椅子的幼儿小心翼翼地抱起椅子，轻轻将椅子放下。教师做出询问椅子的样子，说："现在椅子很高兴，他说谢谢大家爱护他。"

问题：

（1）分析幼儿的行为特点。

（2）评价教师的处理方式。

（3）结合所学知识与实习经历，提供意见与建议。

① 2018 年全国职业院校技能大赛（高职组）"学前教育专业教育技能"赛项第 11 卷材料分析题。

任务 3 幼儿冲突行为协调

一、任务描述

一则发生在幼儿园的真实事件：做早操的时间到了，老师带领幼儿有序进入操场，并给幼儿排列位置、维持秩序。这时，薇薇生气的声音从旁边传来："这是我的位置，我每次都站在这里！"时时说："可是我要和我的朋友站在一起！"薇薇说："你们可以去别的位置。"薇薇和时时就这样谁也不让谁，一直到早操前奏曲放完也没有让步。①

分析案例中时时和薇薇的行为，作为教师，谈谈你准备采取的处理方式。

二、学习目标

1. 知识目标

（1）了解幼儿冲突行为的内涵与影响因素。

（2）理解幼儿冲突行为协调的途径。

2. 能力目标

（1）根据幼儿冲突行为的年龄特点，设计促进幼儿园行为规范的教育活动。

（2）能够运用冲突解决六步法帮助幼儿解决冲突。

3. 素养素质目标

愿意在生活中，利用冲突协调的方式处理矛盾。

三、相关知识链接

（一）幼儿冲突行为的内涵

幼儿冲突行为是指幼儿在与同伴玩耍或交往的过程中发生的相互对立的行为，主要表现在语言、情绪、行为等方面，它是幼儿教育活动中的一种基本的互动形态。（二维码 3-12）

扫一扫

二维码 3-12 正确认识幼儿的冲突行为

① 张亭亭，夏明敏. 大班幼儿在同伴冲突中的语言运用研究［J］. 内蒙古师范大学学报（教育科学版），2022（1）：61-66.

（二）影响幼儿冲突解决的因素

幼儿冲突及冲突解决是涉及个体因素和外界环境因素的复杂过程。年龄、性别、个性特征、社会文化、教育方式等诸多因素，透过认知、行为，影响幼儿冲突的解决。① 一般认为，影响幼儿冲突解决的主要因素有以下六个：

- 幼儿自身发展特点；
- 家庭教育；
- 缺乏社会经验；
- 大众媒体；
- 幼儿园环境；
- 教师自身。

（三）幼儿冲突行为协调的内容

从幼儿教育实践来看，冲突的解决一般包括三个层次，即预防、干预和同伴调解。预防是解决冲突的基础。所谓预防是将解决对象扩大到整个幼儿群体，对所有个体进行冲突解决技能的训练，使之成为幼儿的一种能力。干预是冲突解决的关键。所谓干预是对具有冲突倾向的个体或对功能失调的双方进行行为或认知的再塑造，以达到治疗的目的。干预是教师处理幼儿冲突的主要内容。同伴调解是冲突解决的重点和最高层次。同伴调解的运用范围较广，其中心点在于使幼儿成为冲突处理的积极参与者，一旦幼儿能够积极参与，冲突就能够很好地得到解决。②

（四）幼儿冲突行为协调的策略

1. 教师为主

教师通常会帮助幼儿澄清问题，讲述冲突双方的体验、感受、需要和想法。教师通常会给幼儿提出解决冲突的建议，如要求冲突一方的幼儿向另一方让步；或者给出双方都能接受的解决方式。对幼儿冲突的解决，教师中心策略通常是比较有效的，能够很快地平息冲突。但这种协调策略只是暂时的，当幼儿再一次面临同样或相似的冲突情境时，仍然需要教师的干预才能较好地解决，而且冲突解决过程中幼儿自己并没有积极的情感体验，也没有把解决冲突的方案与自己的想法、愿望等联系起来。尽管这一策略的效果十分有限，但仍是幼儿教育实践中教师最便于和乐于采用的一种。③

2. 幼儿为主

教师将干预、调解的主动权让给冲突情境中的幼儿。教师可以倾听幼儿阐述他们的观点，或者让他们相互体会对方的感受，表达自己的愿望。相对于教师中心策略而言，这一类调停策略花费的时间较长，但它能积极地引导幼儿主动地解决问题、平息冲突，对幼儿的心理发展非常有利，而且还有很强的迁移效果。幼儿中心策略实际上是教师提供思路，

① 王练．论幼儿同伴冲突及教育［J］．中华女子学院学报，2008（3）：91-94.
② 胥兴春．应对幼儿冲突的策略与技术［J］．学前教育研究，2006（6）：9-10.
③ 胥兴春．应对幼儿冲突的策略与技术［J］．学前教育研究，2006（6）：9-10.

幼儿自己建构冲突解决方案。幼儿中心策略也是幼儿冲突解决教育的主要目标。教师只是一个辅助者，他负责引导幼儿自己面对冲突情境，自己体验冲突感受，以此发展幼儿的移情能力，形成分享与合作的精神。这是解决幼儿冲突的最为有效的长效机制。这种策略也可以看作是同伴协商的策略。①

（五）幼儿冲突行为协调的注意事项

在应对幼儿冲突情境时，教师虽然会采取其中一种策略，但实际操作过程是以具体的技术和方法进行的。

1. 简单反对或放任

教师处理幼儿冲突的第一种方式，就是直接反对幼儿的冲突语言和行为。这是一种简单的应对方式。教师常常会盯着发生冲突的幼儿，或用简单的禁止性语言，或者直接将发生冲突的幼儿分开。所谓放任就是教师对幼儿的语言或肢体冲突视而不见，或者表现出一种漠不关心的样子，或者暂时离开冲突发生地。这并不表示教师完全不关心幼儿的冲突，很多时候教师凭经验知道不用干预和调解，幼儿自己也能平息和处理冲突。

2. 直接指导

有时教师对幼儿的争执或冲突显得非常在意和关心，他们通常会采取及时的、积极的干预措施以调停冲突，这被称为直接指导。

3. 呈现争论

当幼儿为某一物品或活动空间而发生冲突时，教师积极地、有意识地培养幼儿对冲突情境的理解，这种方式被称为呈现争论技术，包括通过澄清他们的想法、愿望和感受，明确幼儿的权利和游戏的规则，或者询问他们关于冲突情境的相关问题。②

4. 积极情感接触

积极情感接触主要体现为教师对幼儿情绪的安慰，教师表达积极情感时，多采用言语方式进行。当然这种方式一般是针对冲突事件的“受害”一方，有时教师先与其中一名幼儿接触，倾听其感受，然后再转向另一名幼儿，表达情感安慰。积极情感接触的目的是让幼儿尽快从冲突事件中平静下来，并帮助幼儿恢复他们的同伴关系。

5. 修补关系

教师在处理幼儿冲突时，还需要考虑“ 善后” 问题，即修复或弥补由于冲突而造成的紧张关系。尽管我们认为幼儿不记仇，但随着年龄的增长，尤其是大班幼儿开始出现选择性的同伴交往，有些严重的冲突事件会给他们造成一定的影响。教师要引导幼儿正确处理同伴关系，尤其是在冲突之后，使冲突双方的关系不受严重影响，恢复原有交往水平甚至加深友谊。③

---

① 胥兴春. 应对幼儿冲突的策略与技术［J］. 学前教育研究，2006（6）：9-10.

② Suzanne K. Adams, Donna S. Wittmer. "'I Had It First' Teaching young children to solve problems peacefully," *Childhood Education*.78, no.1(2001):10-16.

③ 胥兴春. 应对幼儿冲突的策略与技术［J］. 学前教育研究，2006（6）：9-10.

（六）幼儿冲突解决六步法（表 3-4，二维码 3-13）

表 3-4　幼儿冲突解决六步法要点表

步骤	具体内容	要点
1. 冷静地接近，阻止伤害性行为	开始协调过程	确定协调者角色，使物品、领土或权利中立化
2. 认可孩子的感情	了解每个孩子的想法	以每个孩子的观点为基础澄清冲突
3. 收集信息 4. 重述问题	整合	从双方的角度来解释冲突，明确每个孩子在问题的产生和解决上都有责任
5. 寻找解决方法，共同选择一个	提出选择	要求发生争执的幼儿或旁观者提出建议
	对解决方法达成一致意见	帮助幼儿制订一个令彼此都满意的行动计划
6. 准备给予进一步的支持	强化问题解决过程	表扬幼儿发现了一个令双方都满意的解决方法并为达到解决目的而做出了努力
	坚持完成	帮助幼儿实施解决方案

扫一扫

二维码 3-13　幼儿冲突解决六步法

四、知识准备

1. 什么是冲突？你怎么看待幼儿冲突行为？

2. 自主查阅资料，请写出“冲突行为”和“攻击行为”的区别与联系。

3. 教师在准备进行幼儿冲突协调时，应该扮演什么角色？保持什么立场？

4. 分析图画中教师的解决方式存在的问题，写出它的优劣之处，运用幼儿冲突解决六步法对解决方案进行优化（参考答案见二维码 3-14）。

<table>
<tr><th>原有解决方式</th><th>分析原有处理方式优劣</th><th>运用六步法优化</th></tr>
<tr><td>

</td><td></td><td></td></tr>
</table>

续表

<table>
<tr><th>原有解决方式</th><th>分析原有处理方式优劣</th><th>运用六步法优化</th></tr>
<tr><td>

</td><td></td><td></td></tr>
<tr><td>

</td><td></td><td></td></tr>
</table>

扫一扫

二维码 3-14　参考答案

任务实施

任务工作单 15

组号：__________ 姓名：__________ 学号：__________ 班级：__________

做早操的时间到了，老师带领幼儿有序进入操场并给幼儿安排位置、维持秩序。这时，薇薇生气的声音从旁边传来："这是我的位置，我每次都站在这里！"时时说："可是我要和我的朋友站在一起！"薇薇说："你们可以去别的位置。"薇薇和时时就这样谁也不让谁，一直到早操前奏曲放完也没有让步。

1. 薇薇和时时是为了什么产生了冲突？

2. 结合幼儿冲突解决六步法，填写关键词。尝试运用此六步法解决案例，为案例中的教师设计合适的表述语言。

	步骤	表述语言
第一步		
第二步		
第三步		
第四步		
第五步		
第六步		

3. 小组分角色扮演，模拟展示或拍摄视频上传网络学习平台。

任务评价

扫一扫二维码 3-15，完成对任务工作单 15 的评价。

二维码 3-15　对任务工作单 15 的评价

拓展与提升

1. 请同小组成员根据以下案例内容，运用所学知识，加以分析。

案例材料：

小馨、小妍、聂聂、小飞和小俊在建构区做游戏时，对于玩具的分配产生了冲突。小飞个性活泼，最喜欢和小俊交流。聂聂和小妍比较强势，因此都希望自己的玩具多一点，小馨拿到玩具就默默地在自己的位置上玩耍。忽然，小妍的玩具不小心蹦到了桌子中间，被别的小朋友拿走了，小妍说：“聂聂，你拿了我的玩具！”聂聂不高兴地说：“我没有拿，明明就是小馨拿的。”小妍不耐烦地对小馨说：“快把我的玩具还给我！”小馨看了看别的小朋友，没有说话。聂聂着急地说：“明明就是你，我都看见了！”小馨只好说：“好吧……”然后他们四个又继续玩玩具，但小馨始终不开心。

问题：

（1）分析幼儿的行为特点。

（2）结合所学知识与实习经历，给教师提供意见与建议。

2. 尝试在实习期间，进行一日或半日活动观察，记录和分析幼儿的冲突行为。可采用本书提供的观察记录表（二维码 3-16），或自主设计观察记录表。

（1）观察并记录。

二维码 3-16　幼儿冲突行为观察记录表模板及填写示例①

（2）分析并提出教育建议。

① 本案例由贵州省遵义市红花岗区幼儿园董睿撰写。

任务4 幼儿亲子关系培养

一、任务描述

宝宝和妈妈亲密无间，相亲相爱。处于依恋期的儿童在情感上都依恋着妈妈，宝宝和妈妈相互之间存在着无限的眷念和深深的挚爱。宝宝们在妈妈精心呵护下渐渐长大了，他们应该在亲情关爱中体验妈妈的辛劳，懂得感恩和逐渐养成自己的事情自己做的好习惯。通过“宝宝和妈妈”这一主题，有益于孩子更好地认识自身的成长与妈妈关爱的关系，进一步体会与妈妈的感情，懂得大胆表达爱。①

请提出增进亲子关系亲密度的方法。

二、学习目标

1. 知识目标

（1）了解亲子关系现状。

（2）掌握幼儿亲子关系的各年龄段目标。

（3）知道影响亲子关系的因素。

2. 能力目标

（1）能用合理的教育途径增进亲子关系。

3. 素养素质目标

（1）能自主学习及提升对亲子关系进行分析的能力。

（2）能提升自己与父母友好相处的能力。

三、相关知识链接

（一）亲子关系的目标②（表3-5）

表3-5 不同年龄段幼儿亲子关系目标表

目标	3~4岁	4~5岁	5~6岁
愿意与父母交往	愿意与父母一起活动	喜欢和父母交谈，有事愿意告诉父母	（1）有问题愿意向父母请教 （2）有高兴的或有趣的事愿意与父母分享

① 参见2020年全国职业院校技能大赛题库主题说明。

② 参见《3~6岁儿童学习与发展指南》。

续表

目标	3~4岁	4~5岁	5~6岁
关心尊重父母	(1) 父母讲话时能认真听，并能听从父母的要求 (2) 父母生病或不开心时表示同情 (3) 在提醒下能做到不打扰父母	(1) 会用礼貌的方式向父母提出自己的要求和想法 (2) 能注意到父母的情绪，并有关心、体贴的表现 (3) 知道父母的职业，能体会到父母为养育自己所付出的辛劳	(1) 能有礼貌地与父母相处 (2) 能关注父母的情绪和需要，并能给予力所能及的帮助 (3) 尊重为父母提供服务的人，珍惜他们的劳动成果 (4) 接纳、尊重父母的生活方式或习惯

(二) 亲子交往现状

研究发现，亲子交往具有明显的时代特征：农业时代的依附性、等级性；工业时代的主体性、工具性；网络时代的民主性、文化反哺性；等等。① 现阶段的亲子交往也有其具体的特点，具体表现在以下几个方面。

1. 亲子交往的时间不足

生活节奏快，工作压力和生活压力比较大，这是公认的现代人生活的特点。父母的加班时间往往挤占了陪伴孩子的时间，李燕在其研究中发现，幼儿园教师反映最多的亲子关系问题就是父母忙于工作，没有时间照顾孩子。② 无独有偶，古东昕研究发现，亲子互动时间虽然有，但明显不足。③ 因此，亲子交往时长不足是现阶段亲子交往的一大特点。

2. 亲子交往的内容集中指向学习

亲子交往涉及的范围较广，包括行为技能、情感态度和知识经验等方面。研究发现亲子交往中所占比例最大的是与学习相关的内容，家长关心孩子在“学习”“身体健康”“道德品质”“身心健康发展”等方面的发展，最为关心的是“学习”。④ 经过调查发现，在亲子教育机构中，亲子互动的主题涉及“纪律规则”“生活需要”“游戏与教学”“游戏与学习求助”“结果展示”“评价”“人际交往”“表达、交流情感”八个方面，在“游戏与教学”（与幼儿学习有关）方面，亲子互动频率最高。⑤ 由此可见，新交往内容虽多，但也有集中指向。

3. 以母子（女）交往为主

亲子交往中一个非常显著的特点是以母子（女）交往为主。研究发现，在绝大多数的亲子互动中，以母亲与孩子的互动为主，父亲在亲子互动中，参与程度明显不足。⑥ 在亲子教育机构中，妈妈是亲子交往活动的主要参与人，也是亲子互动的重要发起人。⑦ 在亲子班中很少看到男性家长参与亲子活动，男性家长陪同女性家长和孩子来参与活动的比较多，

---

① 赵丽娟. 从听话到省心：网络时代亲子关系模式转换 [D]. 曲阜：曲阜师范大学，2013.
② 李燕. 亲子关系的教育哲学分析 [D]. 苏州：苏州大学，2005.
③ 古东昕. 家庭教育中亲子互动现状及策略的研究 [D]. 济南：山东师范大学，2011.
④ 古东昕. 家庭教育中亲子互动现状及策略的研究 [D]. 济南：山东师范大学，2011.
⑤ 李敏. 亲子互动行为现状及问题研究：以西安市 A、B 亲子园为例 [D]. 西安：陕西师范大学，2013.
⑥ 古东昕. 家庭教育中亲子互动现状及策略的研究 [D]. 济南：山东师范大学，2011.
⑦ 李敏. 亲子互动行为现状及问题研究：以西安市 A、B 亲子园为例 [D]. 西安：陕西师范大学，2013.

但往往都在亲子教室门外等候，直到活动结束。父亲在亲子交往中的“缺席”是不可否认的事实，这也将是亲子交往研究的新课题。

（三）亲子关系的教育途径①

（1）成人以身作则，以尊重、关心的态度对待自己的父母、长辈和其他人。如：

- 经常问候父母，主动做家务；
- 礼貌地对待自己的父母；
- 看到父母有困难能主动关心并给予一定的帮助。

（2）引导幼儿尊重、关心长辈和身边的人，尊重他人劳动及成果。如：

- 提醒幼儿关心身边的人，妈妈累了，知道让她安静地休息一会儿；
- 借助故事书、绘本等，给幼儿讲讲父母抚育孩子成长的经历，让幼儿理解和体会父爱与母爱；
- 结合实际情境，提醒幼儿注意父母的情绪，了解他们的需要，给予适当的关心和帮助。

（3）引导幼儿学习用平等、接纳和尊重的态度对待差异。如：

- 了解每个人都有自己的兴趣、爱好和特长，可以相互学习；
- 利用民间游戏、传统节日等，适当向幼儿介绍我国主要民族和世界其他国家和民族的文化，帮助幼儿感知文化的多样性和差异性，理解人们之间是平等的，应该互相尊重、友好相处。

（四）有关亲子关系培养教学活动设计（二维码 3-17）

扫一扫

二维码 3-17 有关亲子关系培养教学活动设计②

（五）亲子游戏（二维码 3-18）

扫一扫

二维码 3-18 亲子游戏③

① 参见《3~6 岁儿童学习与发展指南》。
② 本案例由贵州省贵阳市实验幼儿园彭贻真，贵州省贵阳市南明幼儿园黎训利、张敏、韩跃琴撰写。
③ 本案例由贵州省贵阳市实验幼儿园博学分园提供。

（六）幼儿亲子关系培养微课（二维码 3-19）

扫一扫

二维码 3-19　幼儿亲子关系培养（微课）

四、知识准备

1. 根据亲子交往的现状，请谈谈对促进幼儿亲子关系的启发。

2. 影响亲子关系的因素有哪些？

3. 自主查阅资料，请写出“恒河猴母爱剥夺实验”的过程及该实验在亲子关系中的运用。

4. 根据案例内容，分析问题。

大手拉小手①

案例材料：

某幼儿园开展大班与小班幼儿之间跨班级互动活动已经近一个学期了，不同年龄、班级的幼儿彼此已经比较熟悉。春天的一个周末，教师邀请相关班级的家长一同参加“以大带小”的远足活动——“大手拉小手”。活动过程如下：出发前，教师告诉大家今天要去附近的人民公园，请两个班的幼儿自愿结对，每个大班幼儿拉起一个小班幼儿的手，看哪对好朋友的小手拉得紧？到公园休息一会儿后，教师组织大家玩游戏“钻山洞”。首先，教师与家长搭山洞，请大班幼儿带领小班幼儿钻山洞；然后，组织大班幼儿搭山洞，请小班幼儿钻山洞。教师不断提醒幼儿钻的动作要领。自由活动时，小朋友拉好小手与他们的家长一道欣赏周围春天的美景，了解自然环境与人文环境的知识。在家长手机、相机等各种工具的协助下，幼儿用自己喜欢的方式记录远足活动的见闻。

问题：根据案例分析幼儿园家园合作的意义，谈谈这种家园合作方式对你的启示。

① 2020 年全国职业院校技能大赛（高职组）“学前教育专业教育技能”赛项第 4 卷案例分析题。

5. 根据案例内容，分析问题。

小南妈妈的烦恼①

小南今年5岁，已经上大班了。爸爸妈妈工作忙，小南一直由姥姥、姥爷带着，接送上幼儿园。老人一直对小南宠爱有加，百般呵护，生怕磕着、碰着，没法向女儿交代。妈妈出于对孩子的亏欠感总是对他百依百顺，有求必应。虽然家里的玩具很多，小南总是看到什么就要买什么。爸爸却认为要对孩子严加管教，做法显得简单、粗暴，平时小南任性、不听话时，爸爸就动手教训他。到了幼儿园里，小南看到别人玩什么，他就要玩什么。别人不给他就直接抢、推搡，甚至打闹起来时还咬小朋友。有时他想和别人玩，别人不愿意和他一起玩，他就弄坏或是推倒别人的东西。这样一来，小朋友就更不愿意和他一起玩了。幼儿园老师多次教育批评他，都不管用。无论是妈妈讲道理，还是爸爸体罚，他仍我行我素。久而久之，小南妈妈开始为这事感到非常烦恼……

问题：结合案例分析小南妈妈的烦恼，如果你是小南的老师，谈谈你要如何做家长工作。

① 2021年全国职业院校技能大赛（高职组）"学前教育专业教育技能"赛项第6卷案例分析题。

任务实施

任务工作单 16

组号：________ 姓名：________ 学号：________ 班级：________

宝宝和妈妈亲密无间，相亲相爱。处于依恋期的儿童在情感上都依恋着妈妈，宝宝和妈妈相互间存在着无限的眷念和深深的爱。宝宝们在妈妈精心呵护下渐渐长大了，他们应该在亲情关爱中体验妈妈的辛劳，懂得感恩和逐渐养成自己的事情自己做的好习惯。通过“宝宝和妈妈”这一主题，有益于孩子更好地认识自身的成长与妈妈关爱的关系，进一步体会与妈妈的感情，懂得大胆表达爱。

马上就要过母亲节或父亲节了，请以此为主题，设计一系列“爱妈妈”或“爱爸爸”的主题活动。

1. 计划。

主题网络图设计：根据下列表格内容，填写主题网络图中内容（写上内容名称即可）。

<table>
<tr><td colspan="3">主题名称：我爱妈妈</td><td>年龄班：中班</td></tr>
<tr><td rowspan="6">主题网</td><td rowspan="2">专门教育活动名称</td><td>社会领域</td><td></td></tr>
<tr><td>其他领域</td><td></td></tr>
<tr><td>区域活动（不少于3个区域）</td><td colspan="2"></td></tr>
<tr><td>家园共育</td><td colspan="2"></td></tr>
<tr><td>环境创设（主题墙）</td><td colspan="2"></td></tr>
<tr><td>社区资源（社会实践）</td><td colspan="2"></td></tr>
</table>

2. 决策。

（1）请描述主题网络图中区域活动的设计（选择其中 2 个区域）。

区域名称	内容	
	活动名称	
	活动材料	
	设计意图	
	操作玩法	
	指导建议	
	活动名称	
	活动材料	
	设计意图	
	操作玩法	
	指导建议	

（2）设计主题墙。

绘制主题墙，设计草图。

（3）设计亲子游戏（共 2 个）。

在重大节庆日时，幼儿园常常组织一系列的亲子活动，这些活动主要是亲子游戏活动。亲子游戏活动的组织为父母和幼儿提供了更多的彼此交往和交流的机会，有利于增进亲子之间的情感，将在一定程度上弥补“亲子互动时间虽然有，但明显不足”这一缺憾。对此，汤肖丽在《2~3 岁婴幼儿“入园适应”教育对策的实践研究》中提出，应以幼儿园为固定场所，以双休日为固定时间，举办间断性“家家乐”亲子园活动，家园互为主体，共同设计、组织丰富多彩的活动，通过师幼互动、家幼互动、幼儿同伴互动进行游戏，让家长们在专业的指导下进行更为科学的亲子游戏实践。

游戏名称	
游戏准备	
游戏玩法	
游戏规则	
游戏名称	
游戏准备	
游戏玩法	
游戏规则	

（4）查找幼儿亲子关系的绘本（至少 5 本）。

序号	绘本名称	促进幼儿与谁的关系（父亲、母亲或其他长辈）	主要内容
1			
2			
3			
4			
5			

（5）请撰写 1 篇促进亲子关系的社会领域教育活动设计方案。

3. 实施

（1）汇报主题设计。

（2）介绍或展示游戏活动设计。

（3）利用校内实训室，布置主题墙。

（4）介绍亲子游戏设计方案。

（5）介绍收集的绘本。

（6）利用校内实训室试教。

任务评价

扫一扫二维码 3-20，完成对任务工作单 16 的评价。

二维码 3-20　对任务工作单 16 的评价

拓展与提升

1. 请结合所学知识对下列亲子交往教育活动案例进行评析。

我的家人（小班）

一、活动目标

增进幼儿对家庭成员的了解和亲近之情。

二、活动准备

请家长为幼儿准备一张“全家福”的照片。

三、活动过程

教师自然地引出与家有关的话题。如问：“××，今天早上是谁送你来幼儿园的？晚上是谁来接你？”然后开始谈话，话题可有如下几个。

1.“我的家都有谁？”请幼儿拿出“全家福”照片，向大家介绍自己的家人。

2.“平时我们在家干什么？”如爸爸妈妈上班，晚上全家一起看电视，星期天逛公园，拜访亲戚，等等。

3. “家里谁最喜欢我，我最喜欢谁，为什么?”

4. “家里人的特点、爱好、特长是什么?”如爸爸特别有劲，妈妈喜欢吃刀削面，爷爷会养花，等等。如果有的幼儿说不出，请他回家后观察。

四、活动建议

1. 谈话内容根据幼儿的水平，可以只谈第1、2项内容。

2. 谈话前，教师应对幼儿家庭情况有基本的了解，注意不要伤害那些单亲家庭的孩子。

3. 教师应以平等的身份参与谈话，向幼儿介绍自己的家人，充分表现出对家庭的依恋及对家人的亲近之情，以影响和感染幼儿。

2. 回忆你在母亲节或父亲节等节日活动中，是如何向母亲或父亲，或其他亲人献上祝福的？（可贴上图片）

模块四
幼儿与社会

幼儿在经历与自我、与他人的关系之后，就要发展与社会的关系了。本模块的学习，有利于帮助学生了解幼儿认识社会环境、了解社会文化、参与社会生活的相关知识。通过学习，学生将掌握相关理论和方法，并能够设计促进幼儿社会行为和社会情感发展的活动。这些活动将帮助幼儿习得所在社会群体的价值观念与行为方式，逐步认识周围的社会环境，形成对所在群体的归属感，并发展适应社会生活的能力。

项目一 幼儿社会行为规范培养

任务1 幼儿社会行为规范目标、内容及途径

一、任务描述

一则发生在幼儿园的真实事件：

中（1）班的豆豆在积木区玩积木，还未收拾积木便想离开积木区回到座位。这一幕被旁边的金金看见了，金金向老师告状说："豆豆不遵守规则，用完积木不收拾。"

案例中豆豆和金金两个小朋友为什么出现不同的行为反应？这是什么行为？作为教师，你会如何应对？

二、学习目标

1. 知识目标

（1）了解幼儿社会行为规范的目标、内容。

（2）理解幼儿社会行为规范的途径。

2. 能力目标

（1）根据幼儿社会行为规范的发展特点，能收集整理幼儿园行为规范的教育活动内容。

（2）树立正确的教育观，能初步尝试进行幼儿社会行为规范教育。

3. 素养素质目标

牢固树立法制观念，理解道德与法律的关系，愿意遵守不同场合的社会规则。

三、相关知识链接

（一）幼儿社会行为

幼儿社会行为是指儿童在人际交往中所表现出来的对人、事、物的一系列态度和行为反应。

（二）幼儿社会行为规范

社会行为规范本质上是一种关系范畴，是调节行为主体间关系、规范行为主体参与社会生活的行为准则。幼儿社会行为规范主要指处在社会组织或集体中的幼儿在交往和活动中所表现出的情感态度与行为反应，是参与社会生活时组织和集体所期待的准则和标准。

（三）幼儿社会行为规范的内容①

1. 家庭生活规范

（1）卫生规则：饭前、便后洗手；早晚刷牙、睡前洗脚；勤洗澡、剪指甲；勤换洗衣服；按季节变化增减衣服；等等。

（2）饮食规则：定时、定量、定点吃饭；家庭成员聚齐后，尤其是长辈到来后再开始进餐；不暴饮暴食，不挑食偏食；不吃不健康的食品，常吃蔬菜水果；等等。

（3）作息规则：按时睡觉、起床；不无节制地看电视或玩游戏；学习和户外活动相互交替，动静结合；等等。

（4）家庭安全规则：就家庭范围而言，应当具体强调幼儿不摸电器和电插座；不给陌生人开门；不爬窗户阳台；不动炉具、不玩火；知道常用的紧急呼救电话 110、120、119；等等。

（5）待客与做客规则：迎来送往，热情地和客人打招呼；安静地参与成人的交流；友好地与小朋友游戏；不乱翻动别人的东西；等等。

2. 幼儿园集体活动规范

（1）游戏规则：按游戏器械的玩法玩游戏；玩沙、玩水时不攻击别人；采用轮流、谦让、合作、协商等方式解决问题。

（2）学习规则：集中注意力，按时轮流发言；自己整理学习用具；能主动提问；等等。

（3）日常活动规则：遵守排队公平等待规则、轮流规则、集体服务规则。

3. 公共场所活动规范

（1）购物规则：买卖自愿；钱物交换；不乱跑到成人找不到的地方；等等。

（2）休闲娱乐规则：不大声喧哗、不嬉笑打闹；不乱涂乱画；不随地乱扔垃圾；遵守工作人员的提醒，不脱鞋；不攀爬桌椅、窗台；等等。

（3）乘车规则：按身高买票、上下车礼貌有序；不争抢座位，为老人让座；坐时安静端正、站立时扶好把手；不把身体探出窗外，不大声吵闹，不来回跑动；不踩踏床具、座椅；等等。

（4）行路规则：遵守交通规则，按照交通信号的提示行动；过马路走人行横道、过街天桥或地下通道；不独自过马路；在路上走便道；不在路上玩耍、打闹；等等。

4. 道德发展规范

（1）文明礼貌：使用恰当的礼貌用语，懂得按次序轮流讲话，不随意打断别人，与人讲话时眼睛要看着对方。注意举止文明，不私自拿不属于自己的东西，爱惜物品，用别人的东西时也知道爱护，及时归还，并表示感谢。在成人提醒下，遵守游戏和公共场所的规

---

① 李焕稳. 幼儿社会教育［M］. 北京：北京师范大学出版社，2012.

则；等等。

（2）关爱、尊重他人：关爱他人，对身边的人生病或不开心时表示同情，有关心、体贴的表现。尊重他人，不打扰他人工作或休息，尊重并珍惜他人劳动成果。

（3）学会感恩：了解自己的成长与家人的关系，体会并感激父母长辈的辛勤养育之恩，主动帮助父母做事，关心父母，培养对家庭的责任感。初步了解家庭、幼儿园，认识周围不同职业人们的劳动及其与自己生活的关系，尊重他们的劳动成果，初步产生热爱劳动的情感。

（4）其他道德品质：诚信，知道说谎是不对的，做了错事敢于承认，不说谎，培养诚实、勇敢的品质。责任感，能认真负责地完成自己接受的任务，努力做好力所能及的事情，不怕困难，培养对挫折的耐受力，有初步的责任感和认真负责的态度；遵守社会公德，主动阻止他人的不良行为，培养社会责任感；爱护玩具和其他物品，节约资源，爱护公物和公共环境；逐步懂得正确和错误之分，有初步的是非感、爱憎感。

（四）促进幼儿社会行为规范的途径

1. 集体活动中的幼儿社会行为规范教育

集体活动中的幼儿社会行为规范教育包括专门的幼儿社会行为规范教育与渗透的幼儿社会规范教育。

2. 区域活动和游戏活动的中幼儿社会行为规范教育（二维码 4-1）

一是融规则于游戏中，让幼儿体验和感知各种规则；幼儿的游戏内容是现实生活的反映，是缩小了的社会。教师要善于将规则渗透于游戏之中，让幼儿在游戏活动特别是区域活动中学习和体验各种规则。如幼儿通过游戏“红绿灯”，了解“红灯停，绿灯行”的交通规则，过马路要走“斑马线”；通过角色扮演，让孩子充分认识不遵守交通规则会产生严重的后果。再如在棋类游戏中，了解象棋、跳棋、围棋等各种棋类的不同下法与规则；在“银行”的游戏中，顾客取钱需要排队；“图书馆”内须保持安静，不能大声喧哗及借阅图书的规则；在建筑角内与人合作搭建及整理玩具的规则；等等。幼儿通过游戏相互交流着彼此的经验，明确所学到的各种规则都与自己密切相关，明白规则不仅约束着别人的行为，同样也约束着自己的行为。

二是增强游戏规则的灵活性，变他律为自律。引导幼儿参与游戏规则的制定、修改和完善，能加深幼儿对规则的理解，增强其遵守规则的自觉性。在游戏中，孩子们自己确定规则，自己解决问题，在与同伴的共同游戏中，他们相互影响，不断磨合，以自己的方式构建着游戏的程序和规则，激发了幼儿的参与性、创造性。由于规则是孩子们自己制定的，所以就更具约束力，其规则意识也得到了发展。

三是注重交流与合作，提升规则执行力。幼儿生活在集体中，就要与同伴进行交往，遵守集体的规则，懂得自己是集体中的一员，知道自己对集体的作用。通过游戏，幼儿知道集体的荣誉需要每个人的努力，知道游戏的快乐是由大家创造的，要想快乐地游戏就必须遵守规则。幼儿通过游戏与他人交往，学会合作所必须遵守的规则。作为教师，就要善于创设满足幼儿交往需要的活动空间，鼓励幼儿在游戏中主动与同伴、成人交往，提升对规则的执行力。

四是完善游戏评价，让幼儿参与。游戏活动评价往往以结果为主要内容，忽视了游戏过程中的其他教育价值，如孩子行为习惯和能力的培养等。幼儿正处在由他律向自律转变的过程中，要让幼儿学会自律，必须让幼儿掌握判断是非的标准。参与活动的评价，以规则来评价自己和他人的行为，能有效提高幼儿遵守规则的自觉性。①

扫一扫

二维码 4-1　有关社会行为规范的教学活动设计②

3. 融入一日生活的幼儿社会行为规范教育（二维码 4-2）

扫一扫

二维码 4-2　幼儿社会行为规范的培养案例③

4. 环境中的幼儿社会行为规范教育（二维码 4-3）

扫一扫

二维码 4-3　环境中的幼儿社会行为规范教育案例④

（五）幼儿社会行为规范目标、内容及途径微课（二维码 4-4）

扫一扫

二维码 4-4　幼儿社会行为规范目标、内容及途径（微课）

① 祁岩. 在游戏中培养幼儿的规则意识［J］. 学前教育研究，2013（11）：69-71.
② 本案例由贵州省遵义市红花岗区幼儿园董睿、贵州省六盘水第四实验幼儿园安从俊撰写。
③ 本案例由贵州省清镇市机关幼儿园提供。贵州省贵阳幼儿师范高等专科学校实验幼儿园谢梦莹提供。
④ 本案例由贵州省凯里市第八幼儿园提供。

知识准备

1. 结合所学知识和自身实习经历，自主查阅资料，尝试梳理幼儿在园内一日生活各个环节的幼儿社会行为规范要求。

环节	幼儿社会行为规范要求

2. 根据以下案例内容，分析并填写表格。

案例内容	分析评价成人的教育行为
案例一： 幼儿园大班的幼儿午睡起床后，上厕所，从洗手间拿自己的杯子走进教室。这时有几个幼儿把杯子拿在手里玩，教师看见，立马大声吼道："杯子不是拿来玩耍的，我数 10 声，那些没坐在座位上……"说完，该教师开始报数，他的眼睛迅速扫了全班幼儿一遍。教师数到 8 时，几乎所有幼儿都坐在座位上了。这时教师说"小手放在大腿上""小眼睛看老师"，幼儿迅速坐好。教师开始倒豆浆，喝豆浆时有幼儿吵闹，教师很生气："××，你要讲话的话，不如站到前面来，让大家都听你讲。"幼儿一下子安静了下来。一分钟后，有幼儿离开位置，教师提醒："请你坐在位置上喝。"一名幼儿喝完豆浆，拿着杯子高兴地对教师说："老师，我喝完了。"教师严肃地说："你表现不好，喝完就喝完，不许说话。"一名幼儿喝完豆浆后拿图书看，喝完豆浆就回到座位上。教师说："先喝完的小朋友先不看书，先在座位上等。"教师大声喊道："回座位，全部回座位。"	
案例二： 上下班高峰期，路上拥挤得不成样子。刚好遇到红灯，大家便停下来等待。这时一位家长不顾红灯，拉着孩子就直接走过去了。"爸爸，这是红灯""老师说红灯不可以过马路""爸爸，我们要等等"……孩子疑惑地问拉着他闯红灯的爸爸，只见那位家长并没有打算解释，反而不耐烦地说了句："没车就走呗，小孩子别管这么多！"	

续表

案例内容	分析评价成人的教育行为
案例三： 贝贝妈妈常羡慕明明妈妈，因为明明总是那么听话，而贝贝却调皮捣蛋。明明妈妈介绍自己的育儿经："一定要让孩子怕你，一次把他打怕了，以后就再也不敢了。昨天就没让明明吃晚饭，我说过吃饭前一定要把玩具收起来，不收就没晚饭吃，明明不肯收玩具，怎么说都不听。后来我气急了，就拎起他狠狠地抽了几下屁股，然后罚他站墙角。现在只要他一犯错误，我就罚他站墙角。现在他知道了，我说的话就是规矩，得绝对地服从。"	
案例四： 孩子们都知道吃饭前要洗手，可是每次洗手都是冲一下水就跑了，有的甚至趁老师不注意还不洗手。后来，在洗手的时候，老师采用示范引导与儿歌激趣相结合的方法带着孩子们洗手，教师一边给孩子们做示范——挽袖、抹香皂、搓洗、冲洗，一边教孩子们唱儿歌："搓搓手心一二三，搓搓手背三二一，手指头洗仔细，小手腕别忘记。"就这样，孩子们把洗手当作游戏，愿意认认真真地洗手了。	

任务实施

任务工作单 17

组号：____________ 姓名：____________ 学号：____________ 班级：____________

一则发生在幼儿园的真实事件：

中（1）班的豆豆在积木区玩积木，还未收拾积木便想离开积木区回到座位。这一幕被旁边的金金看见了，金金向老师告状说："豆豆不遵守规则，用完积木不收拾。"

1. 案例中豆豆和金金两位小朋友分别出现了什么行为？

2. 分析出现这种行为的原因。

3. 作为教师，金金向你告状后，你会如何处理？

4. 查找并阅读《和甘伯伯去游河》《图书馆狮子》《假如人人都这样》《红绿灯眨眼睛》《栅栏外面的世界》等绘本，再自主推荐三本绘本，尝试把绘本运用到社会行为规范教育活动中。

绘本名称	绘本核心思想主题	绘本内容与社会行为规范教育要点结合运用的思路
《和甘伯伯去游河》		

续表

绘本名称	绘本核心思想主题	绘本内容与社会行为规范教育要点结合运用的思路
《图书馆狮子》		
《假如人人都这样》		
《红绿灯眨眼睛》		
《栅栏外面的世界》		

任务评价

扫一扫二维码 4-5，完成对任务工作单 17 的评价。

扫一扫

二维码 4-5　对任务工作单 17 的评价

拓展与提升

1. 结合幼儿社会行为规范培养的内容、途径，收集整理有关幼儿园进行四类社会规范教育的资料，可以用文字、图片、视频、演示文稿等方式加以说明。

2. 据媒体报道，22 岁的大四女生因在宿舍用热水器烧水导致失火，火被扑灭之后又复燃，最后整个宿舍的物品全部被烧光，隔壁宿舍也受到不同程度的影响。事发后，学校给予她严厉处分。据传，学校通报批评后，不让她入党，也不给她发学位证，还不让她考研。失火后，她的家人应学校的要求，共花费近6万元对火灾造成的损失进行了赔偿。2019年元旦这天，这名大四女生，选择了在宿舍里自缢身亡。

（1）你认为导致悲剧发生的因素中，大四女生自身因素有哪些？

（2）你认为学校为什么禁止学生在宿舍使用“热得快”？如果不限制使用会怎么样？

（3）请你尝试探究“规则”和“自由”的关系。

答：

3. 与小组同学讨论，谈谈你们对“中国式过马路”的看法。记录下你的和别人的观点。

答：

任务2　培养幼儿遵守基本行为规范

一、任务描述

董园长有这样的困惑："我园的自主游戏是全园大混龄，我发现大班幼儿的同级互动非常多，通过对大班不同幼儿及幼儿的游戏现场进行观察后发现，这个年龄段的幼儿在人际交往中能表现出遇到问题能与同伴协商、讨论；能有初步协商解决问题的意识。但是，幼儿因没制定规则、不清楚规则、不执行规则而导致的矛盾和冲突频发，常常是过程中就出现争抢、互殴等冲突。"

请对案例中存在的问题进行分析，给出解决方案。

二、学习目标

1. 知识目标

（1）认识幼儿遵守基本行为规范的重要性。

（2）理解幼儿基本行为规范的教育内容和建议。

2. 能力目标

根据幼儿遵守基本行为规范的年龄特点，能够设计促进幼儿遵守幼儿园行为规范的教育活动。

3. 素养素质目标

树立自主、合作学习的意识，形成良好的从教意愿。

三、相关知识链接

（一）幼儿遵守基本行为规范的重要性

《纲要》中明确指出社会教育的主要目标之一就是帮助幼儿"理解并遵守日常生活中基本的社会行为规则"。《指南》针对社会领域"遵守基本的行为规范"这一目标也提出"结合社会生活实际，帮助幼儿了解基本行为规则或其他游戏规则，体会规则的重要性，学习自觉遵守规则"的教育建议。幼儿行为规范教育是幼儿园生活教育、社会教育的重要内容，是保证幼儿园各项活动顺利开展的前提，更是幼儿健康、全面、终身发展的基础。

（二）幼儿遵守基本行为规范的年龄阶段目标①（表 4-1）

表 4-1 不同年龄段幼儿基本行为规范目标表

3~4 岁	4~5 岁	5~6 岁
1. 在提醒下，能遵守游戏和公共场所的规则 2. 知道不经允许不能拿别人的东西，借别人的东西要归还 3. 在提醒下，爱护玩具和其他物品	1. 感受规则的意义，并能基本遵守规则 2. 不私自拿不属于自己的东西 3. 知道说谎是不对的 4. 知道接受了的任务要努力完成 5. 在提醒下，能节约粮食、水电等	1. 理解规则的意义，能与同伴协商制定游戏和活动规则 2. 爱惜物品，用别人的东西时也知道爱护 3. 做了错事敢于承认，不说谎 4. 能认真负责地完成自己所接受的任务 5. 爱护身边的环境，注意节约资源

（三）幼儿遵守基本规范的教育内容②

（1）遵守幼儿日常行为规范，了解一日生活中各个环节的安排顺序及要求幼儿在各环节中必须遵守的行为准则。幼儿园幼儿日常行为规范（以下简称“常规”）是幼儿在园一日生活中应该遵守的基本行为规则。

（2）理解规则的意义，能遵守游戏规则与公共场所规则，与同伴协商制定游戏和活动规则。

（3）认知道德规范与行为准则。如公德意识、环保意识、文明礼貌用语、文明行为规范及日常卫生习惯。

（四）幼儿遵守基本规范的教育建议

幼儿的社会性主要是在日常生活和游戏中，通过观察和模仿潜移默化地发展起来的。成人应注重自己言行的榜样作用，避免简单生硬的说教。具体要做到以下三点：

（1）成人要遵守社会行为规范，为幼儿树立良好的榜样。

（2）结合社会生活实际，帮助幼儿了解基本行为规则或其他游戏规则，体会规则的重要性，学习自觉遵守规则。

（3）通过多种途径和方法，引导幼儿提升规范意识，遵守行为规范。如经常和幼儿玩带有规则的游戏，遵守共同约定的游戏规则。利用实际生活情境和图书故事，向幼儿介绍一些必要的社会行为规则，以及遵守规则的必要性。在幼儿园的区域活动中，创设情境，鼓励他们讨论和制定规则并自觉遵守。对幼儿表现出的遵守规则的行为要及时予以肯定，对违规行为给予纠正。

（五）拓展阅读：培育深入人心的规则意识（二维码 4-6）

扫一扫

二维码 4-6 培育深入人心的规则意识

① 中华人民共和国教育部. 3~6 岁儿童学习与发展指南［M］. 北京：首都师范大学出版社，2012：37.

② 裘指挥. 幼儿社会教育与活动指导［M］. 北京：高等教育出版社，2014.

（六）幼儿社会行为规范教育策略（二维码 4-7）

扫一扫

二维码 4-7　幼儿社会行为规范教育策略（微课）

四、知识准备

1. 古人说“没有规矩，不成方圆”，生活处处需要规则，人们也只有遵守规则，生活才会有秩序。然而，生活中总有人抱着侥幸心理，认为不遵守规则也不会有什么。请搜集 5 个以上因不遵守规则而上新闻头条的人，并谈谈这样做的危害。

2. 一名著名相声演员曾开玩笑说：“千万要远离那些不守规则的人，因为雷劈他的时候，可能会连累到你。”列举 5 个因个人不遵守规则，而导致他人或集体利益受损的事例，并谈谈，因他人不遵守规则而导致你的利益受损时你的感受。

3. 探索规则制定。

以下场景需要哪些规则，根据制定规则的流程为每个场景制定规则，探索制定规则的技巧。表格如下：

场景	制定流程	制定规则
游戏活动	Step1：明确目标 Step2：收集信息 Step3：制定初步规则 Step4：征求意见 Step5：修订和完善 Step6：发布和宣传	
区域		
集体活动		
外出参观		
图书馆		

4. 分析案例，回答问题。

上午10点50分，小班老师发出指令，幼儿开始吃饭，从幼儿吃第一口饭开始，郭老师和保育员就轮流催促那些吃得慢、东张西望和说话的幼儿快点吃，“×××，吃快点，要不大苹果贴纸要拿掉了”“不吃饭下个星期看不了动物了（下周要去动物园秋游）”“加油，你们三个比赛”“不要说话”……到了11点10分，保育员开始准备收拾，还有几名幼儿还没吃完，他催促了几声之后，看幼儿还是磨磨蹭蹭，索性把他们的碗都收起来了。整个午餐时间仅用了20分钟。

问题：

（1）分析幼儿的行为特点。

（2）评价教师的处理方式。

（3）结合所学知识与实习经历，提供意见与建议。

任务实施

任务工作单 18[①]

组号：__________ 姓名：__________ 学号：__________ 班级：__________

董园长有这样的困惑："我园的自主游戏是全园大混龄，我发现大班幼儿的同级互动非常多，通过对大班不同幼儿及幼儿的游戏现场进行观察后发现，这个年龄段的幼儿在人际交往中能表现出遇到问题能与同伴协商、讨论；能有初步协商解决问题的意识。但是，幼儿因没有制定规则、不清楚规则、不执行规则而导致的矛盾和冲突频发，常常是过程中就出现争抢、互殴等冲突。"

1. 请利用幼儿园的环境，围绕上述问题，进行规划和设计，并做具体说明。

2. 请根据下列常见问题进行设计，并尝试针对不同年龄班进行设计。

（1）区域规则虽然有，但幼儿看不懂，请帮忙设计一下区域规则指示牌。

（2）幼儿使用卫生纸的时候不太能够节约用纸，怎样让班上幼儿知道用纸的量？

（3）幼儿收拾玩具容易放错位置。怎样设计一些符合幼儿年龄特点的区域材料指示标签？

① 依据个人实际情况选择完成或全部完成任务工作单 18、19。

任务工作单 19

组号：__________ 姓名：__________ 学号：__________ 班级：__________

1. 在实习期间，参观幼儿园的户外环境、教室室内环境，请收集幼儿园通过环境创设促进幼儿社会规范教育的相关资料。

要求：

（1）幼儿园往往会通过环境创设促进幼儿社会规范教育，请拍照收集这样的环境。

（2）围绕道德规范、交往规范、集体规范、安全健康规范四种规范收集素材。

（3）整理素材，制作演示文稿进行汇报。

2. 在实习期间，通过幼儿协商规则解决冲突情况检核表（二维码 4-8），进行观察记录，并提出你的分析和教育建议。

扫一扫

二维码 4-8　幼儿协商规则解决冲突情况检核表

任务评价

扫一扫二维码 4-9，完成对任务工作单 18、19 的评价。

扫一扫

二维码 4-9　对任务工作单 18、19 的评价

拓展与提升

幼小衔接一直以来都是教育的热点问题，2021 年，教育部《关于大力推进幼儿园与小学科学衔接的指导意见》提出：幼小衔接要坚持双向衔接，强化衔接意识，幼儿园与小学协同合作，科学做好入学准备和入学适应，促进儿童顺利过渡。教育部还印发了《幼儿园入学准备教育指导要点》《小学入学适应教育指导要点》。

1. 在这两份指导要点里，有很多和社会规范相关的内容，请阅读文件，梳理相关要点。

幼儿园入学准备教育指导要点			
发展目标	具体表现	教育建议	教育设计要点

小学入学适应教育指导要点			
发展目标	具体表现	教育建议	教育设计要点

2. 横向比较《3~6岁儿童学习与发展指南》与《幼儿园入学准备教育指导要点》，写出两份文件中社会行为规范的异同点。

关键词	《3~6岁儿童学习与发展指南》	《幼儿园入学准备教育指导要点》

项目二 幼儿归属感培养

任务1 幼儿归属感

一、任务描述

在幼儿园经常会看到这样的现象：每到开学季，小班孩子哭闹着要回家、要找妈妈，哭着不愿意来上幼儿园。经过一段时间之后，有的孩子逐渐适应了幼儿园的生活，有的孩子虽然不哭了，但也不愿主动亲近教师和同伴，对班级活动缺乏积极参与的热情。

请设计合适的方案帮助他们融入幼儿园的生活。

二、学习目标

1. **知识目标**

（1）用自己的语言简述归属感的概念。

（2）复述幼儿归属感发展的概念、特点、类型。

（3）能判断各年龄段幼儿归属感发展的目标和内容。

2. **能力目标**

（1）能够对常见教育教学现象和问题进行分析，找到背后的理论支撑。

（2）能分析活动案例所使用的方法、途径。

3. **素养素质目标**

有意识地了解自己归属感方面的发展情况，并能寻找原因，主动解决问题，建立归属感。

三、相关知识链接

（一）归属感概念

在心理学上，归属感指心理上的安全感与落实感。归属感也称隶属感，是指个人自觉被别人或团体认可与接受时的一种感受。马斯洛需求层次理论认为人有归属和爱的需要，换句话说，就是对被接受感的需要。

（二）幼儿归属感的概念

幼儿归属感就是幼儿感觉到自己是集体或幼儿园中的重要一员，被他人接受、被他人认为有价值，以及与他人成为一个整体的一种情感。有学者在解读《3~6岁儿童学习与发展指南》时指出归属感是“个体认同所在的群体（团体）并感觉自己也被群体认可和接纳而产生的一种隶属于这个群体、与这个群体休戚相关的感觉”。①

（三）归属感的产生和发展

归属感的培养离不开个体对所生活的社会环境和社会文化的认知和理解。教育本身就承载着传承文化的任务，引导幼儿认识和理解社会文化的多样性特点，建立对本国家、本民族文化的积极情感和态度，并在此基础上，了解和感受其他国家和民族文化。认识社会环境，了解社会文化，是归属感教育的第一步，幼儿对社会环境中的人、事、物产生积极的情感和态度，更好地理解和适应社会，是产生归属感的基础。

正如《纲要》所提出的：“充分利用社会资源，引导幼儿实际感受祖国文化的丰富与优秀，感受家乡的变化和发展，激发幼儿爱家乡、爱祖国的情感”“适当向幼儿介绍我国各民族和世界其他国家、民族的文化，使其感知人类文化的多样性和差异性，培养理解、尊重、平等的态度”。

可见社会认知、情感、态度的养成在社会环境与文化教育中应该是统一的。社会环境与文化教育不应当是空洞的，应当通过多种丰富有趣的活动，综合调动幼儿的知、情、意、行多个方面的综合发展来完成。

（四）社会环境的内涵

社会环境是指个体以外的所有的主观和客观的存在，包括家庭、朋友等群体、组织、社区和社会。社会环境是与自然环境相对的概念，是人参与社会生活而形成的环境体系。幼儿社会环境认知是指幼儿对周围社会环境的感知和理解，它涉及幼儿对自己所处的家庭、幼儿园、社区等环境的认识，以及对这些环境中的人、事、物的了解。社会环境认知的内容会随着年龄的增长和经验的积累而不断扩展和深化。同时，幼儿社会环境认知的发展也会受到家庭、学校、社区等多方面因素的影响。幼儿社会环境认知包含多个方面的认知，主要包括以下几个方面：

- 家庭环境认知：幼儿对于自己家庭的认识，包括家庭成员、家庭氛围、家庭规则等。
- 社区环境认知：幼儿对于自己所在社区的认识，包括社区设施、社区文化、社区活动等。
- 社会环境认知：幼儿对于更广泛的社会环境的认识，包括社会制度、社会规则等。
- 社会事件认知：幼儿了解并关注社会上发生的一些重要事件，如环保问题、慈善活动等，从而培养社会责任感和公民意识。

① 李季湄，冯晓霞.《3~6岁儿童学习与发展指南》解读［M］. 北京：人民教育出版社，2013.

（五）幼儿归属感的类型

美籍心理学家布朗芬布伦纳提出的生态系统理论认为，环境是一个不断变化的动态系统，儿童的发展是这个系统与其不断相互作用的结果。儿童的发展是一个复杂的过程，受到多种因素的影响，包括微系统、中系统、外系统和宏系统等。这些系统之间相互作用，共同影响着儿童的发展。根据他的理论，可以把幼儿的归属感分为以下几种类型：

1. 家庭归属感

幼儿最初建立归属感的地方是家庭。他们通常对自己所属的家庭产生最初的归属感，对家庭成员和家庭环境有强烈的情感联系，一个温馨安全的家庭环境和亲密和睦的家庭关系对于幼儿的安全感和自我认同发展具有至关重要的作用。同时，幼儿也对家庭所在的社区环境如街道、邻居家、附近的公园、游乐场、图书馆、小商店和其他社区设施地方有积极的探索和情感联系，因为这些地方是幼儿家庭日常生活的一部分，这种探索和情感联系有助于他们建立社区和家乡归属感。

2. 集体归属感

幼儿在进入幼儿园或学校后扩大了他们生活的地理范围和社交范围。幼儿开始在这里度过大量时间，通过与同伴、教师和集体里的其他成员的互动，迈出了从家庭走向社会的关键步伐。幼儿与教师和同伴互动的积极经验可以增强幼儿对于集体的情感认同。另外，儿童的荣誉感常常来源集体，通过对集体的贡献，获得他人的认可和称赞，内心便会产生积极向上、继续进取的欲望。引导幼儿关心集体，关心集体里的其他成员，帮助幼儿获取集体成员的认可，增强集体荣誉感，对于建立集体归属感尤为重要。

3. 家乡归属感

在幼儿时期，幼儿通常会对其出生地或长大的地方产生持久的情感联系和认同感。就生活的家乡而言，幼儿开始认识到生活范围的地理特征，如河流、山脉、湖泊等自然景观，也开始了解到家庭和社区的文化元素，如食物、庆典、节日、传统文化和语言等人文景观，并可能对这些特征产生情感联系。家乡归属感对人们的身份认同和情感具有重要影响，这种情感联系通常涉及对家乡的感情、回忆、文化、社会和地理因素的认同，并在他们的整个生命中保持下来，成为重要的情感支持。

4. 国家归属感

国家归属感是指个体对其出生国或国籍所属国家的情感联系和认同感。这种情感联系涉及个体对国家的忠诚、自豪、认同和情感联结。一方面，国家归属感涉及个体对自己所属国家的认同，包括文化、历史、价值观和国家象征等，同时也与人们所属的民族和文化认同密切相关，这包括对特定文化传统、语言、宗教和风俗的认同等；另一方面，国家归属感还涉及个体对国家的忠诚和责任感，表现为个体愿意为国家的利益和繁荣做出贡献，包括参与公民活动和履行社会责任。

（六）《指南》中幼儿归属感典型表现（表4-2）及教育建议

表4-2 不同年龄段幼儿归属感典型表现表

3~4岁	4~5岁	5~6岁
（1）知道和自己一起生活的家庭成员及与自己的关系，体会到自己是家庭中的一员 （2）能感受到家庭生活的温暖，爱父母，亲近与信赖长辈 （3）能说出自己家所在小区、街道、小区乡镇的名称 （4）认识国旗，知道国歌	（1）喜欢自己所在的幼儿园和班级，积极参加集体活动 （2）能说出自己家所在地的省、市、县（区）名称，知道当地有代表性的物产或景观 （3）知道自己是中国人 （4）奏国歌、升国旗时能自动站好	（1）愿意为集体做事，为集体的成绩感到高兴 （2）能感受到家乡的发展变化并为此感到高兴 （3）知道自己的民族，知道中国是一个多民族的大家庭，各民族之间要互相尊重、团结友爱 （4）知道国家一些重大成就，爱祖国，为自己是中国人而感到自豪

对于幼儿归属感的教育有如下建议：

（1）亲切地对待幼儿，关心幼儿，让他感到长辈是可亲、可近、可信赖的，家庭和幼儿园是温暖的。如：

- 多和孩子一起游戏、谈笑，尽量在家庭和班级中营造温馨的氛围；
- 通过和幼儿一起翻阅照片、讲幼儿成长的故事等，让幼儿感受到家庭和幼儿园的温暖、老师的和蔼可亲，对养育自己的人产生感激之情。

（2）吸引和鼓励幼儿参加集体活动，萌发集体意识。如：

- 幼儿园和班级里的重大事情和计划，请幼儿集体讨论决定；
- 幼儿园应经常组织多种形式的集体活动，激发幼儿的集体荣誉感。

（3）运用幼儿喜闻乐见和能够理解的方式激发幼儿爱家乡、爱祖国的情感。如：

- 和幼儿说一说或在地图上找一找自己家乡所在的省、市、县（区）；
- 和幼儿一起外出游玩，一起看有关的电视节目或画报等；和他们一起收集有关家乡、祖国各地的风景名胜、独特物产的图片等，在观看和欣赏的过程中激发幼儿的自豪感和热爱之情。
- 利用电视节目或参加升旗仪式等活动，向幼儿介绍国旗、国歌及观看升国旗、奏国歌的礼仪。
- 向幼儿介绍反映中国人聪明才智的发明和创造，激发幼儿的民族自豪感。

（七）幼儿归属感教育活动目标及设计要点（表 4-3）

表 4-3 不同年龄段幼儿归属感教育活动目标及设计要点表

目标	年龄	具体内容	设计要点
具有初步的归属感	3~4 岁	能说出自己家所在的小区、街道村、乡镇的名称	(1) 家园配合，增强幼儿对自己家庭的认知 (2) 家园配合，加强幼儿对家庭地址的认知
		认识国旗、知道国歌	(1) 善于把握每一个细节，将归属感教育渗透于幼儿的生活中，让幼儿在活动中增长认知，培养社会情感 (2) 鼓励幼儿参与班级的各项活动，体验集体活动的乐趣，从而萌发集体意识，产生归属感
	4~5 岁	能说出自己家乡所在地的省、市、县（区）名称，知道当地有代表性的物产或景观	利用多种教育资源，让幼儿了解自己的家乡。如：带领幼儿游览自己所在的城市、乡村，观看家乡的建筑、设施；走进大自然，品尝家乡的土特产；观看有关的电视节目或画报等，了解家乡的特产；布置“可爱的家乡”的墙饰和展台
		知道自己是中国人	(1) 引导幼儿了解中国人的面貌特点，知道我们都是黑眼睛、黑头发、黄皮肤的人 (2) 了解我们和外国人在居住的环境、面貌特征和饮食习惯等方面有很大的差异 (3) 创设主题环境，让幼儿了解我们国家历史悠久、地大物博，具有悠久的民族传统和丰富多彩的文化形式，在与环境互动中萌发中国人的自豪感
		奏国歌，升国旗时能主动站好	(1) 让幼儿了解一些有关国家的常识，认识国旗、国歌，知道在升国旗、奏国歌时要站好，向国旗敬礼 (2) 利用各种具体、形象、生动的教育手段，对幼儿进行爱祖国、爱家乡的教育，使幼儿从这些具体的事例中领会祖国的可爱之处，引起情感上的共鸣，从而在心理上产生爱国主义情感
	5~6 岁	能感受家乡的发展变化并为此感到高兴	(1) 通过多元文化，让幼儿了解家乡的发展变化 (2) 在社会实际活动中，感知家乡生活的美好
		知道自己的民族，知道中国是一个多民族的大家庭，各民族之间要互相尊重，团结友爱	(1) 多领域渗透，让孩子认识祖国的名胜古迹，了解我们祖国是一个地大物博、多民族的国家，每个民族都有自己的宗教信仰和传统习俗，培养幼儿的民族情感 (2) 开展多种形式的民族活动，增进幼儿对多民族文化的了解 (3) 创设中华民族文化墙，展示各民族代表物、建筑、民族名人等的图片，让幼儿在与环境的对话中丰富民族认知，感受祖国多民族的美好生活
		知道国家一些重大成就，爱祖国，为自己是中国人而感到自豪	(1) 了解中国的重大成就，为自己是一名中国人而感到自豪 (2) 举办故事会，听一听、讲一讲中国古代、现代的英雄故事，激发幼儿尊重英雄、敬仰英雄、向英雄学习、长大报效祖国的爱国热情 (3) 利用丰富多彩的节日活动，纪念我国的一些重大成就，帮助幼儿增长社会知识，获得团结、合作的社会技能，体验热爱、尊重等社会情感，从而产生社会归属感

（八）幼儿归属感（二维码 4-10）

二维码 4-10　幼儿归属感（微课）

四、知识准备

1. 阅读绘本《自己的颜色》《一个部落的孩子》《我永远爱你》。有人认为归属感是被接纳、被喜欢或被尊重的感觉；有人说归属感是亲切、自豪的情绪体验；有人说对于学生而言，归属感是使学生感受到自己是受人尊重的，是学校和课堂活动中的一部分。

你觉得归属感是什么？请用自己的语言描述一下。

2. 请阅读《指南》，查找与归属感相关的目标和内容，横向逐条对比不同年龄段发展目标的关键词，你发现了什么？在图表中呈现出来。

年龄班	关键词
小班	
中班	
大班	

3. 根据问题 2 梳理出来的各年龄段的关键词，对比不同年龄段的发展目标，随着幼儿年龄的增长、活动范围的扩大、认知的逐渐丰富，你发现幼儿归属感发展呈现出什么特征？用文字或图示表达出来。

任务实施

任务工作单 20

组号：__________ 姓名：__________ 学号：__________ 班级：__________

1. 阅读《指南》，结合归属感四个类型的内容，根据幼儿生活经验，分类梳理当地幼儿生活范围内可认知的教育内容。

类别	具体认知内容
对亲人与家庭的归属感	如：家庭住址、社区名称……
对社区的归属感	
对集体的归属感	
对民族和国家的归属感	

2. 请收集信息，将表格补充完整，写出幼儿园里涉及的幼儿中国传统社会文化教育的内容。

传统节日	中国传统节日：春节…… 少数民族传统节日：泼水节……
传统文艺	琴棋书画、诗词歌赋、戏曲、对联、传统音乐……
传统技艺	功夫、建筑……
民风民俗	舞狮子、年夜饭……
民间艺术	剪纸……
生活文化	服饰……

任务工作单 21

组号：__________ 姓名：__________ 学号：__________ 班级：__________

请扫描二维码 4-11，任选 1 套主题素材，根据所给定的素材回答下列问题。

二维码 4-11　与节日有关的主题素材①

（1）设计主题网络图。

（2）设计教学活动（1 课时）。

（3）模拟教学（1 课时）或说课。

任务评价

扫一扫二维码 4-12，完成对任务工作单 21 的评价。

二维码 4-12　对任务工作单 21 的评价

拓展与提升

1. 密切关注你学习生活的环境，根据马斯洛需求层次理论，你觉得目前学习生活的环境满足你的需要了吗？尝试问自己下面的问题，更加了解自己。

① 2021 年全国职业院校技能大赛（高职组）“学前教育专业教育技能”赛项赛卷“幼儿园教育活动设计”第 8 卷、2023 年全国职业院校技能大赛（高职组）“幼儿教育技能”赛项赛卷“幼儿园教育活动设计”第 4 卷。

(1) 你的住所是否冬暖夏凉，通风良好，采光充足？你喜欢你的住所吗？
(2) 你喜欢和你住在一起的人吗？和他们在一起你感觉放松、愉悦、开心吗？
(3) 你能记得曾经为某些事感到焦虑不安的感觉吗？这种感觉持续了多久？你有什么反应？
(4) 在你的成长过程中，在不同的发展阶段，你的各种需求得到满足了吗？
(5) 依据马斯洛需求层次理论，在什么情形下，你会与别人发生争论，或者生气、发脾气？
针对你的答案，试着分析原因，寻找满足需求的方法。

2. 结合上一题的感受，从下列词语中选择2~3个，尝试描述这些词语和归属感之间的关系。

家庭、家庭成员、家庭氛围、校风、学风、制度、文化、校歌、校徽、校训、校史馆、校服、自我意识、接纳、尊重、欣赏、同伴关系、师生关系、和谐氛围、关爱、团结……

任务2 爱集体情感的培养

一、任务描述

每到开学季和毕业季，学校都会举行开学典礼和毕业典礼这样的大型活动，气氛热烈，学生参与度都很高。幼儿园毕业典礼是幼儿人生中的第一个毕业典礼，毕业典礼的意义通过举行仪式的形式表现出来，而仪式能够发挥潜移默化的作用，唤起及协调人类的情感。德国作家洛蕾利斯·辛格霍夫认为，仪式令人们有所依傍，仪式帮助我们处理生活中的窘境，仪式唤醒我们心中的美好情感，仪式是心灵的港湾和力量源泉。除此之外，在学校里还有好多类似的仪式活动。

在你的成长过程中，有什么令你印象深刻的仪式活动？你觉得这样的活动有意义吗？这样的活动对于我们建立集体归属感有什么价值？

二、学习目标

1. 认知目标

（1）辨析发展幼儿集体归属感的目标。

（2）评判案例的实施是否达到目标。

2. 能力目标

（1）根据幼儿集体归属感发展目标和内容，选择合适的方法和途径，设计一份促进幼儿归属感发展的活动方案。

（2）意识到自己属于集体中的一员，认可集体中他人存在的重要性，接纳自己所在的集体，积极融入集体，树立集体责任感和荣誉感。

3. 素养素质目标

认同并遵守集体规范，积极维护集体荣誉，有较强的集体意识，愿意为集体贡献自己的力量。

三、相关知识链接

（一）幼儿集体归属感概念

本任务中的爱集体情感的培养主要是指幼儿对幼儿园的归属感、对学校的归属感。幼儿对幼儿园的归属感：幼儿认同所在幼儿园，感觉自己在幼儿园被认可和被接纳而产生的隶属于幼儿园，与幼儿园融为一体的感觉。① 这种感觉包含对成员身份的认定，带有个体感情色彩，并付诸行动，包括认知、情感、行为三个维度。

1. 认知维度

认知维度是指幼儿对自己是幼儿园、班级一员的了解、认同，是幼儿对自己与归属关系的认知。

2. 情感维度

情感维度是指幼儿由于归属于幼儿园而产生的喜爱、依恋、关心等情感体验。

3. 行为维度

行为维度是指幼儿遵守各种规则、积极参加幼儿园活动的行为。

（二）促进幼儿爱集体情感的途径

（1）幼儿园毕业典礼（二维码 4-13）。

扫一扫

二维码 4-13　幼儿园毕业典礼②

（2）教育活动（二维码 4-14、4-15、4-16）。

扫一扫

二维码 4-14　幼儿集体归属感活动设计（微课）

扫一扫

二维码 4-15　“我爱我的幼儿园”活动实录

扫一扫

二维码 4-16　小班“我爱幼儿园”主题活动实施方案③

① 此概念由李季湄和冯晓霞两位学者共同提出。
② 本案例由贵州省贵阳市实验幼儿园提供。
③ 本案例由贵州省清镇市机关幼儿园提供。

四、知识准备

对照《指南》，梳理幼儿喜欢并适应群体生活的活动目标、各年龄段的具体目标，结合教育建议，为实现目标梳理出设计要点。

目标	年龄	具体内容	目标设计要点
喜欢并适应群体生活	3~4 岁		
	4~5 岁		
	5~6 岁		

任务实施

任务工作单 22[①]

组号：__________ 姓名：__________ 学号：__________ 班级：__________

1. 小班的小朋友已经逐渐适应了幼儿园的生活，不再哭闹着要回家。作为老师，你会组织什么样的游戏或活动来帮助小班的小朋友们熟悉彼此，感受班级就是幼儿的家呢？请设计几个游戏活动。

2. 班级、幼儿园氛围能够对幼儿产生感染力和约束力，在潜移默化之中促进他们归属感的发展。温馨、安全、舒适的班级和幼儿园氛围，能够使幼儿感受到健康向上的力量，会影响到幼儿自身的发展，影响到幼儿之间的交往、幼儿与老师之间的交往，促进幼儿集体归属感的获得。

如果你是班级教师，你会怎么营造安全而有归属感的班级环境？

① 依据个人实际情况选择完成或全部完成任务工作单 22、23。

任务工作单 23

组号：__________ 姓名：__________ 学号：__________ 班级：__________

请扫描二维码 4-17，根据素材，设计大班“我要毕业了”主题活动。

二维码 4-17 “我要毕业了”主题活动素材①

（1）设计主题网络图。

（2）设计社会教育活动（1 课时）。

（3）说课或教学展示。

任务评价

扫一扫二维码 4-18，完成对任务工作单 22—23 的评价。

二维码 4-18 对任务工作单 22—23 的评价

① 2022 年全国职业院校技能大赛（高职组）“学前教育专业教育技能”赛项赛卷“幼儿园教育活动设计”第 10 卷。

拓展与提升

结合以下案例，分析案例中增强民众归属感的路径和方法。这对于归属感的培养有何启示？

发挥文化铸魂作用。文化是人们在长期生产生活中形成的价值追求、道德标准、风俗习惯和行为准则等，它是一个民族的血脉，是人民的精神家园。习近平总书记多次论述，一个国家、一个民族的强盛，总是以文化兴盛为支撑的。文化自信对于人和人类社会的变革与发展来说至关重要，它是一个国家、一个民族的“根”与“魂”，也是推动社会变革和发展的更基本、更深沉、更持久的力量。贵州乡村文化在乡村治理过程中同样发挥着强基固本铸魂的作用，让村民知道从哪里来，到哪里去，对身份认同和文化认同产生自觉，寻找到归属感。认同感和归属感又反过来约束和规范乡民的思想和行为，增强社区生命力、凝聚力和感召力。从历史发展角度看，经济发展是一个文化过程，由内在的价值观和外在的文化形态起作用。“一个国家选择什么样的治理体系，是由这个国家的历史传承、文化传统、经济社会发展水平决定的”，文化治理是乡村治理体系中不可或缺的关键要素和重要基础，充分挖掘和弘扬优秀传统文化中聚人心彰民意的内容，引导人们向往和追求讲道德、遵道德、守道德的生活，形成向上向善的力量，乡村治理将事半功倍。

（节选自黄晓《贵州乡村治理中文化的力量》）

任务3 爱家乡情感的培养

一、任务描述

《纲要》指出："幼儿园应充分利用社会资源，引导幼儿实际感受祖国历史的丰富与优秀，感受家乡的变化和发展，激发幼儿爱家乡、爱祖国的情感。"家乡对幼儿来说既熟悉又陌生，幼儿眼中的家乡是什么样的呢？他们对自己的家乡了解多少呢？

二、学习目标

1. 认知目标

掌握爱家乡的培养目标和内容。

2. 能力目标

（1）能根据内容选择合适的教育途径和方法。

（2）能设计爱家乡教育活动方案。

3. 素养素质目标

（1）了解家乡的整体概貌、历史文化等，辩证看待家乡文化，传承优秀文化。

（2）培养宣传家乡优秀文化、热爱家乡的意识。

三、相关知识链接

（一）幼儿爱家乡情感的内涵

本任务中的爱家乡情感的培养主要是指使幼儿对自己的家乡产生归属感，了解、认同自己的家乡文化，能为家乡的发展而感到自豪、骄傲。这种感觉包含对成员身份的认定，带有个体感情色彩，并为此付诸行动，具体包括认知、情感、行为三个维度。

- 认知维度：幼儿对家乡名称、文化、特色、历史、节日等的认知；
- 情感维度：幼儿由于归属于家乡而产生的喜爱、依恋、关心等情感体验（二维码4-19）；
- 行为维度：幼儿遵守各种规则、积极参加幼儿园活动的行为。

扫一扫

二维码4-19　幼儿采访：什么是爱家乡①

① 本案例由贵州省凯里市第四幼儿园、凯里市第八幼儿园提供。

（二）爱家乡情感培养的途径

1. 专门的爱家乡教育活动（二维码 4-20、4-21）

二维码 4-20 如何开展爱家乡教学活动（微课）

二维码 4-21 爱家乡教学活动设计（微课）

2. 爱家乡区域活动创设（二维码 4-22）

二维码 4-22 爱家乡区域活动创设①

3. 幼儿园户外早操渗透爱家乡、爱民族（二维码 4-23）

二维码 4-23 幼儿园户外早操渗透爱家乡、爱民族②

4. 幼儿园区域环境渗透爱家乡、爱民族（二维码 4-24）

二维码 4-24 幼儿园区域环境渗透爱家乡、爱民族③④

5. 家园共育（二维码 4-25）

二维码 4-25 如何运用家园共育促进爱家乡（微课）⑤

---

① 此案例由贵州省凯里市第四幼儿园曹萍、蒋烨琳提供。
② 此案例由贵州省凯里市第四幼儿园曹萍、蒋烨琳提供。
③ 此案例由贵州省凯里市第四幼儿园曹萍、蒋烨琳提供。
④ 此案例由贵州省凯里市第八幼儿园提供。
⑤ 此案例由贵州省凯里市第四幼儿园曹萍、蒋烨琳提供。

四、知识准备

1. 中国人自古以来都有一种家乡情怀，流传着许多“思乡”的诗句，你知道的有哪些？请写两句有代表性的诗句，感受中国人的这种情怀。

2. 请以“我为家乡代言”为主题，制作宣传演示文稿或视频，在班上进行宣传。如果你是少数民族，也尝试穿着传统服饰为自己的民族代言吧！

3. 完成下列有关家乡的小调查。

题目	你的回答
（1）你从小生活在（　　） A. 一线城市　B. 二线城市　C. 农村　D. 城镇	
（2）你了解你家乡的文化吗？（　　） A. 不了解　B. 一般　C. 十分了解　D. 不感兴趣	
（3）你的家人对家乡文化重视吗？（　　） A. 全家人都很重视　B. 一般 C. 仅年长的一代重视　D. 仅年轻的一代重视 E. 全都不重视	
（4）你了解家乡文化的途径有（　　） A. 阅读介绍家乡文化的相关书籍　B. 游览观光 C. 课堂或课外活动　D. 长辈口耳相传、耳濡目染 E. 短视频或多媒体平台　F. 家乡宣传片	
（5）你对家乡新变化的态度是（　　） A. 积极，希望继续变化下去　B. 消极，对这些变化不看好 C. 觉得家乡依然落后　D. 无所谓	
（6）你觉得家乡有很大的发展前景吗？（　　） A. 有，很大　B. 有，但不大　C. 没有　D. 不关注	
（7）你是否经常给别人介绍家乡的旅游景点，并引以为豪？（　　） A. 经常　B. 偶尔　C. 从不　D. 不知道当地景点	
（8）你是否了解家乡的传统文化与习俗？（　　） A. 非常了解　B. 大致了解　C. 了解一点　D. 不了解	
（9）你是否非常积极地参加家乡的各种活动？（　　） A. 非常积极　B. 积极　C. 偶尔积极　D. 没兴趣	
（10）你喜欢你的家乡吗？（　　） A. 喜欢　B. 不喜欢　C. 没感觉　D. 不想向别人提起	

任务实施

任务工作单 24

组号：__________ 姓名：__________ 学号：__________ 班级：__________

《纲要》指出："幼儿园应充分利用社会资源，引导幼儿实际感受祖国历史的丰富与优秀，感受家乡的变化和发展，激发幼儿爱家乡、爱祖国的情感。"家乡对幼儿来说既熟悉又陌生，幼儿眼中的家乡是什么样的呢？他们对自己的家乡了解多少呢？

1. 计划。

（1）请围绕你的家乡，梳理家乡的教育资源有哪些？

我的家乡：__________		
资源类型	资源列举	可用于幼儿园的资源
例，家乡节日		

（2）根据上述列举的资源，请梳理出一个主题活动。

<table>
<tr><td colspan="3">主题名称：我的家乡________</td><td>年龄班：</td></tr>
<tr><td rowspan="6">主题活动</td><td rowspan="2">集体教学活动名称</td><td>社会领域</td><td></td></tr>
<tr><td>其他领域</td><td></td></tr>
<tr><td>区域活动名称
（不少于 3 个区域）</td><td colspan="2"></td></tr>
<tr><td>家园共育</td><td colspan="2">活动内容</td></tr>
<tr><td>环境创设</td><td colspan="2">主题墙/区域环境……</td></tr>
<tr><td>社区资源
（社会实践）</td><td colspan="2">活动内容</td></tr>
</table>

2. 决策。

（1）请描述主题网络图中区域活动的设计内容（选择其中 2 个区域）。

区域名称	内容
	活动名称： 活动材料： 设计意图： 操作玩法： 指导建议：
	活动名称： 活动材料： 设计意图： 操作玩法： 指导建议：

（2）请以自己的家乡为第一人称，将“家乡”拟人化，填入形容词，续编一段诗歌。例如：我是贵州，我很热情。

（3）结合主题网，请选择一个专门的社会教育活动，撰写教学活动设计。

3. 实施。

（1）设计汇报展示主题活动。

（2）利用校内实训室布置区域。

（3）根据自己撰写的有关家乡教学活动设计，进行说课或试教。

任务评价

扫一扫二维码 4-26，完成对任务工作单 24 的评价。

扫一扫

二维码 4-26　对任务工作单 24 的评价

拓展与提升

根据自己以家乡为第一人称续编的诗歌，设计一本有关家乡的绘本。

任务 4　爱祖国情感的培养

一、任务描述

在一部有关儿童的纪录片《希望，希望》里面，记者问一名 7 岁的农村小女孩："你知道中国的首都在哪里吗？"小女孩害羞地笑着说："不知道。"记者又问："天安门在哪里？"还是一样的答案。记者又去问了其他几个孩子，他们都回答不知道。孩子们对常识一问三不知，但当记者问到他们长大了想做什么的时候，几乎每个人的回答都一样："想打工赚钱。"

幼儿是祖国的未来、民族的花朵。都说"少年强，则国强；少年智，则国智"，农村教育是中国未来教育的关键，影响着未来中国的发展，面对这样的问题，你觉得应该怎么做？

二、学习目标

1. **认知目标**

掌握爱祖国情感的培养目标和内容。

2. **能力目标**

（1）能根据爱祖国活动内容，选择合适的教育途径和方法。

（2）能设计教育活动。

3. **素养素质目标**

（1）践行社会主义核心价值观，树立担当民族大任的意识。

（2）了解中国文化和历史，感受上下五千年的积淀和厚重，增强文化认同感和归属感。

三、相关知识链接

（一）幼儿爱祖国情感的内涵（二维码 4-27）

本任务中爱祖国情感的培养主要指幼儿对祖国产生的初步归属感。在集体归属感建立后，随着认知的进一步发展，幼儿对于自己所属的民族、国家开始有初步的认识，愿意主动了解、认同自己的民族、国家，为自己的民族、国家感到自豪，并在此基础上产生爱祖国的情感。具体而言，包括认知、情感、行为三个维度。

- 认知维度：幼儿对自己是中国人、属于中华民族，对国家、民族的文化有初步认知。
- 情感维度：幼儿对自己是中国人而产生的自豪、骄傲等情感体验。

- 行为纬度：幼儿知道维护祖国的行为。

二维码 4-27　幼儿眼中的爱国①

（二）爱祖国情感的培养途径

1. 专门的社会教育活动（二维码 4-28、4-29）

二维码 4-28　大班社会活动“祖国知识挑战赛”实录②

二维码 4-29　爱祖国教育活动设计（微课）

2. 环境创设融入爱祖国内容

大班主题活动“我是中国人”	
社会活动	环境创设
中国在哪里	提供世界地图、中国地图、地球仪等供幼儿观察，进一步了解中国的地理位置和民族分布情况
我知道的中国	将幼儿收集的游览各地的照片布置成“娃娃游中国”的墙饰专栏
我们的国旗	展示祖国的国旗、国徽，创设“小小升旗手”专栏（展示幼儿想当升旗手的原因和升旗感言）
祖国大家庭	收集有关少数民族服饰、装饰品、风光、民俗和食品等的图片，举办“祖国大家庭”展览
祖国的特产	与幼儿一起收集祖国各地的特产，并布置“祖国特产展览会”
首都北京	利用师生共同收集的各种游览北京的照片或介绍北京的图片资料，创设专栏“我们的首都——北京”
祖国之最	结合幼儿的调查表内容，创设“祖国之最”专栏
民族大联欢	引导幼儿根据自己选择的民族，设计和制作一些具有民族特征的手工作品，为民族大联欢的环境布置做好准备

① 本案例由贵州省凯里市第四幼儿园、第八幼儿园提供。
② 本案例由贵州省贵阳市第五幼儿园普娇提供。

3. 一日生活渗透爱祖国内容（二维码 4-30）

教育目标	日常生活
知道自己是中国人，感知和了解祖国丰富多样的民俗文化和物产，萌发对祖国的美好情感，热爱自己的祖国	（1）点名：说一说自己知道的祖国城市的名称 （2）游戏环境：欢迎小班的弟弟妹妹来参观祖国特产展览会，并主动接待他们 （3）餐前活动： 结合共同收集的“祖国之最”照片，互相交流祖国最长的河、最高的峰……进一步了解祖国 进行班级新闻播报“我知道的中国”，进一步了解中国
认识国旗、国徽、国歌，能尊敬、爱护国旗，知道升旗的礼仪，有做小小升旗手的荣誉感和责任感	每周举行升旗仪式，在当小小升旗手和观看升旗仪式中感受国旗和国歌的庄严，萌发对祖国的崇敬之情
感受祖国古代文明和现代化建设的成就，为自己是中国人感到骄傲	（1）餐前、起床时观看《北京欢迎你》的歌曲视频 （2）晨间活动：开展“小小播报员”活动，轮流介绍自己了解的中国古代文明和现代化建设的成就
了解祖国是一个多民族的国家	（1）点名：围绕祖国的各个民族，说说自己了解的内容（如民族名称、民俗、服饰特点、特产等） （2）餐前活动：观看介绍少数民族的视频和教学课件 （3）起床活动：欣赏音乐《五十六个民族》《青藏高原》等

扫一扫

二维码 4-30 大班“我的祖国”主题活动实施方案①

四、知识准备

1. 你认为什么是爱国？我们应该如何爱国？查阅资料，与同伴讨论，写下你的想法。

2. 什么是“一带一路”，谈谈我们为什么要进行“一带一路”建设。

① 本案例由贵州省清镇市机关幼儿园提供。

3. 材料：

党的二十大报告展开论述了"两个结合"，即坚持把马克思主义基本原理同中国具体实际相结合、同中华优秀传统文化相结合。

要搞好民族地区各级各类教育，全面加强国家通用语言文字教育，不断提高各族群众科学文化素质。要把加强青少年的爱国主义教育摆在更加突出的位置，把爱我中华的种子埋入每个孩子的心灵深处。

——2019 年 9 月 27 日，习近平在全国民族团结进步表彰大会上的讲话。

党的二十大报告中提出的"两个结合"和习近平总书记的这段讲话对我们本次学习任务有何启示？在幼儿园开展爱祖国情感教育活动是否适宜？为什么？

4. 完成下列问卷调查。

题目	你的回答
(1) 你经常参加一些与爱国主义相关的教育活动吗？(　　) A. 经常　B. 偶尔　C. 想参加，但是没机会　D. 不感兴趣	
(2) 你所参加的爱国主义教育活动一般以什么形式进行？(　　) A. 课堂讲授　B. 主题班会　C. 宣讲会或讲座　D. 网络宣传教育 E. 文字资料阅读　F. 相关影视欣赏 G. 活动互助（如征文、演讲、书画等比赛） H. 参观爱国主义教育基地	
(3) 影响当前青少年爱国主义教育效果的主要因素有哪些？(　　) A. 社会因素　B. 学校因素　C. 家庭因素　D. 个人因素	
(4) 你是否会主动了解国家的发展现状？(　　) A. 是　B. 否	
(5) 当前对青少年的爱国主义教育存在哪些问题？(　　) A. 社会关注度不够 B. 学校缺乏爱国主义教育方面的引导 C. 盲目爱国，激进爱国行为 D. 自身关注度不够	
(6) 疫情发生后，你对我国的哪些国情更加了解？(　　) A. 中国传统文化和政治体系　B. 经济状况 C. 时事政治　D. 民族传统、各省省情	
(7) 你认为在高校教育中加强爱国主义、家国情怀教育的必要性程度是（　　） A. 非常重要　B. 可有可无　C. 没有必要　D. 无所谓	

续表

题目	你的回答
(8) 你所理解的家国情怀是（　　） A. 传统文化的继承与发扬　　B. 对国情、省情的高度关切 C. 国家民族的利益当先　　D. 对共同价值观的高度认同	
(9) 对青少年群体进行爱国主义教育，你还有哪些建议和意见？	

5. 根据以下内容，分析并填写表格。

内容	分析可以在幼儿园开展的教育内容
革命博物馆、纪念馆、党史馆、烈士陵园等是党和国家的红色基因库。要讲好党的故事、革命的故事、根据地的故事、英雄和烈士的故事，加强革命传统教育、爱国主义教育、青少年思想道德教育，把红色基因传承好，确保红色江山永不变色。 ——2019 年 9 月 16 日，习近平在河南参观鄂豫皖苏区首府革命博物馆时的讲话	
我们要积极培育和践行社会主义核心价值观，弘扬中华民族传统美德，把爱家和爱国统一起来，把实现个人梦、家庭梦融入国家梦、民族梦之中，用我们 4 亿多家庭、13 亿多人民的智慧和力量，汇聚起夺取新时代中国特色社会主义伟大胜利、实现中华民族伟大复兴中国梦的磅礴力量。 ——2018 年 2 月 14 日，习近平在 2018 年春节团拜会上的讲话	
要充分利用我国改革发展的伟大成就、重大历史事件纪念活动、爱国主义教育基地、中华民族传统节庆、国家公祭仪式等来增强人民的爱国主义情怀和意识，运用艺术形式和新媒体，以理服人、以文化人、以情感人，生动传播爱国主义精神，唱响爱国主义主旋律，让爱国主义成为每一个中国人的坚定信念和精神依靠。 ——2015 年 12 月 30 日，习近平在十八届中共中央政治局第二十九次集体学习时的讲话	

任务实施

任务工作单 25①

组号：__________ 姓名：__________ 学号：__________ 班级：__________

1. 请围绕“童心向党”主题活动，梳理有关爱祖国教育资源。

资源类型	幼儿园可利用的资源
例：党的故事	例：王二小放牛郎

2. 结合相关知识链接中“幼儿眼中的爱国”，设计采访提纲，你会从哪些问题出发，调查“幼儿眼中的爱国”呢？

采访提纲

3. 尝试在幼儿园采访幼儿，并记录幼儿的回答，有条件的情况下征求园方和家长的同意，尝试拍摄视频。

采访幼儿园：	班级：	幼儿人数：
问题编号	幼儿访谈记录	

① 依据个人实际情况选择完成或全部完成任务工作单 25、26。

续表

问题编号	幼儿访谈记录

4. 根据采访情况，请梳理幼儿在“童心向党”主题活动中的需求。对开展本主题活动，你会给幼儿园教师什么建议？

5. 根据前期的资料收集，尝试在环境创设中渗透“童心向党”主题活动的内容。

大班主题活动：童心向党	
社会活动	环境创设

6. 根据前期的资料收集，尝试在一日生活中渗透“童心向党”主题活动的内容。

大班主题活动：童心向党	
活动目标	日常生活

任务工作单 26

组号：__________ 姓名：__________ 学号：__________ 班级：__________

请扫描二维码 4-31，任选一套主题素材，根据所给定素材回答下列问题。

扫一扫

二维码 4-31　与爱祖国有关的主题素材①

（1）设计主题网络图。

（2）设计教学活动（1 课时）。

（3）模拟教学（1 课时）或说课。

任务评价

扫一扫二维码 4-32，完成对任务工作单 25–26 的评价。

扫一扫

二维码 4-32　对任务工作单 25–26 的评价

拓展与提升

活动策划一：“学习爱国主义精神，重温爱国经典语录”

有这样一句话：家是最小的国，国是千万的家。在祖国繁荣昌盛的今天，我们每个人的生命体验都与国家紧密相连，山河无恙，才有万家团圆。万家努力，方能国泰民安。而

① 2022 年全国职业院校技能大赛（高职组）“学前教育专业教育技能”赛项赛卷“幼儿园教育活动设计”第 3 卷、2023 年全国职业院校技能大赛（高职组）“幼儿教育技能”赛项赛卷“幼儿园教育活动设计”第 9 卷。

作为学生，我们努力学习，为实现自己的理想不断奋斗，也是家国情怀的一种体现。在本任务中，我们策划了这样的一个活动，学习爱国主义精神，重温爱国经典语录，感受各个时代的爱国精神。

请收集爱国经典语录。

活动策划二：“祖国知识知多少”

每个同学分别设计 2~3 个有关祖国知识的题目，以班级为单位组织一场“祖国知识知多少”的知识竞赛，每名同学依次出题，抢先回答且答案正确得 1 分，最先获得 20 分的即可获胜。

序号	题目	答案
1		
2		
3		

活动策划三：我们想对祖国说

在 2022 年的国庆节，央视新闻策划了向祖国表白的活动，如图 4-1 所示，从这些千言万语中，感受大家的爱国情感。请把你想对祖国说的话写下来，以小组或班级为单位拍摄宣传视频。

图 4-1　向祖国表白的活动

YOUER SHEHUI JIAOYU
HUODONG ZHIDAO

幼儿社会教育活动指导

活页式

ISBN 978-7-5672-4602
9 787567 246027
定价:56.80元